PRINCIPES

DE MUSIQUE

CATALOGUE des Ouvrages de M.r Monteclair, qui
se vendent à Paris rüe S.t Honoré, chez la Veuve Boivin, à
la Regle D'Or.

Brochure

Serenade, trois parties separées, se vend chez M.r Ballard 1.tt 10.s

Nouvelle Methode pour apprendre la Musique &c . . . . 8.

Methode pour apprendre a joüer du violon, ... 2

Trois livres de Cantates, chaque livre 9.tt et les 3 Ensemble . . . . . . 27.

Six concerts à deux Flûtes traversieres sans basse . . . . .10.tt 10.

Six concerts Flûte et Basse . . . . 10. 10.

Six Recüeils de Menuets. 3.tt 15.s chaque Recueil ensemble . . . . . . 22. 10.

Deux Recüeils de Contre danses. 5o.s chaque Rec.l ensemble . . . . 5.

Les Festes de l'Eté, Ballet . . . . 16.

Recüeil de Brunettes pour la flûte traversiere . . . . 6.

Recüeil de Trio. Italiens et Francois des meilleurs Auteurs, pour

deux Flûtes traversieres ou Violons avec la Basse chifrée 6.tt

Jephté, Tragedie tirée de l'Ecriture Sainte, partition generale . . . . 20.

Petite Methode pour apprendre la Musique aux Enfans . . . . 4.

Principes de Musique divisez en quatre parties, en blanc . . . . 15. relié 17. 10.

Le Pseaume, In exitu Israël, que j'ay composé en Musique à grands Chœurs, ayant eté chanté plusieurs

fois au Concert des Thuilleries, le Public m'en a paru si content, que je me suis determiné a le faire

imprimer; C'est ce que je feray le plûtost qu'il me sera possible; j'y joindray le Pseaume, Credidi

propter, à deux Chœurs, que j'ay eu l'honneur de faire entendre au Roy.

PRINCIPES DE MUSIQUE.

Divisez en quatre parties.

LA PREMIERE PARTIE Contient tout ce qui appartient à l'Intonation.

LA II.ME PARTIE Tout ce qui regarde la Mesure et le Mouvement.

LA III.E PARTIE La Maniere de joindre les paroles aux nottes et de bien former les agréments du chant.

LA IV.E PARTIE Est l'Abregé d'un nouveau systême de Musique, par le-quel L'AUTEUR fait voir qu'en changeant peu de choses dans la maniere de notter la Musique, on en rendroit l'Etude et la pratique plus aisées.

Composez ET DEDIEZ

A S.A.S.MONSEIGNEUR LE PRINCE DE CARIGNAN.

Par M.r de MONTECLAIR Auteur de la Tragedie de Jephté.

SE VEND A PARIS.

Rue S.t Honoré à la regle d'Or. avec privilege du Roy.

Prix 15.tt en blanc et 17.tt 10.s Relié.

A Son Altesse Serenissime
MONSEIGNEUR LE PRINCE DE CARIGNAN.

MONSEIGNEUR

Je n'ay pas crû pouvoir mieux assurer le succès de l'ouvrage que
je prends la liberté d'offrir a VOTRE ALTESSE SERENISSIME qu'en luy
donnant pour Mecene un Prince Amateur des beaux Arts. L'Academie
Royale de Musique n'a jamais tant brillé dans la Capitale de la
France, que depuis que vous avez bien voulu vous en declarer le Protec-
teur. Elle se ressent tous les jours des bienfaits de V. A. S. eh! qui peut
mieux que moy rendre ce témoignage à la verité? C'est à vous seul, MON-
-SEIGNEUR, que je dois toute la gloire que Jephté peut avoir rependüe
sur moy. La nouveauté du genre sur le theatre lyrique paroissoit depuis douze ans entiers un obstacle insurmontable. Il etoit reservé à V. A. S.
d'en triompher. Voila MONSEIGNEUR ce qui m'excite à reparoître sous
des auspices qui m'ont deja été si heureux. Ma reconnoissance ranime
mon zele, et mes premiers succès font ma sureté. En faut il davantage,
MONSEIGNEUR, pour vous supplier de jetter un regard favorable sur
mon hommage, et de me permettre de me dire avec un tres profond
respect

MONSEIGNEUR

DE VÔTRE ALTESSE SERENISSIME

Le tres humble, tres Obeissant,
et tres Soûmis Serviteur.
Montéclair.

PRINCIPES DE MUSIQUE.

PREMIERE PARTIE.
Sur l'Intonation.

Le Mouvement est l'origine du Son.

Le Son est l'objet materiel de la Musique.

La quantité de Sons possibles, tant en montant qu'en décendant, peut aller à l'infini ; c'est pourquoy elle est incomprehensible, et par consequent impraticable.

Pour parvenir à la conoissance et à la juste intonation des Sons, qui conviennent à la disposition de nos organes, il ne faut d'abord se renfermer que dans l'etendüe d'une seule octave.

Pour donner une ordre aux Sons, et pour les distinguer, on les represente par des nottes que l'on nomme. Ut, Re, Mi, Fa, Sol, La, Si.

Leur differente intonation, où position sur le papier, forme ce qu'on apèle Dégrez.

Une notte repeteé où redoubleé sur le même degré, forme ce qui s'apelle Unisson, c'est à dire même Son. ut ut, re re, mi mi, &c.

La distance entre deux nottes qui sont en differents degrez, se nomme Intervalle.

Les Intervalles par degrez conjoints, sont entre deux nottes qui se suivent immediattement, comme d'ut à re.

Les Intervalles par degrez disjoints, sont entre deux nottes qui ne se suivent pas immediattement, comme d'ut à mi.

Les uns et les autres se reduisent à Sept, Sçavoir.

Seconde, Tierce, Quarte, Quinte, Sixte, Septième, et Octave : comme on le comprendra par l'Echelle suivante ; où l'on remarquera qu'entre les nottes par degrez conjoints, les Intervalles ne sont pas egaux ; qu'il y en a de plus etendus qu'on apelle, Tons, et de moins etendus qu'on apèle Demitōs

La petitte barre orizontale,–, qui est entre deux nottes, marque qu'il y a un Ton de l'une à l'autre, soit en montant soit en decendant.

Il faut commencer l'intonation de l'octave, par l'ut d'en bas et monter par degrez conjoints, jusqu'à l'ut d'en haut, et décendre ensuitte de l'ut d'en haut à celuy d'en bas.

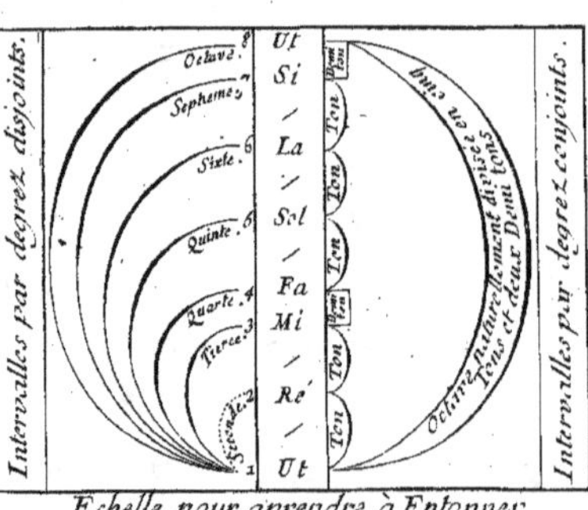

Les deux Demi-Tons, qui se rencontrent dans la division de l'octave, sont l'un entre le mi et le Fa, et l'autre entre le Si et l'ut, soit en montant, soit en decendant.

Echelle pour aprendre à Entonner en montant et en decendant par degrez conjoints.

Pour aprendre à chanter juste les Intervalles par degrez disjoints, il faut passer par les degrez qui sont entre les deux nottes qui composent l'Intervalle; c'est ce qu'on apelle decompter.

EXEMPLES.

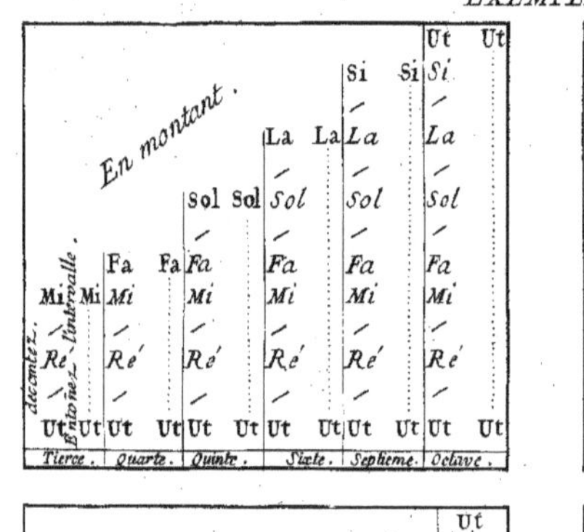

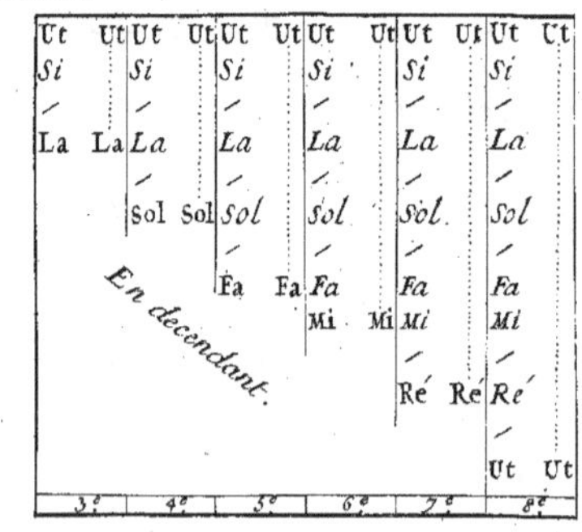

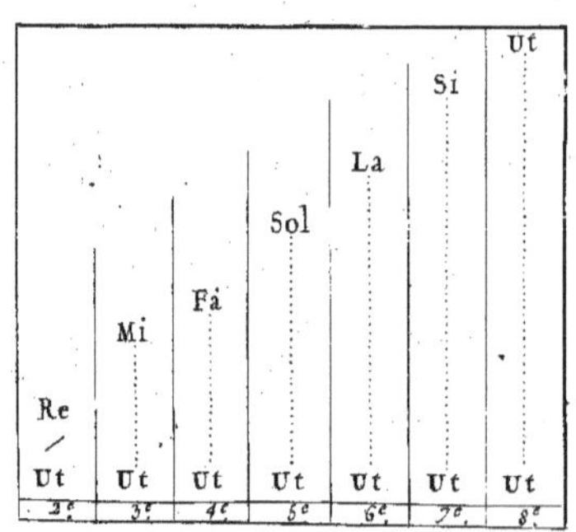

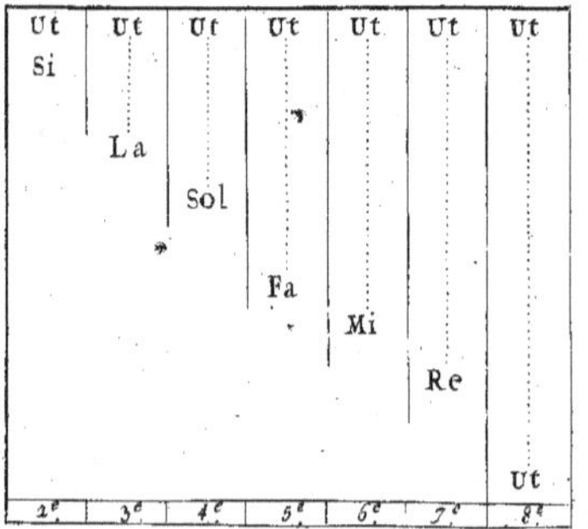

Pour bien s'affermir sur tous les Intervalles naturels, contenus dans l'octave, il faut décoñter dans la Quadrature suivante, les sept octaves en montant et en décen=dant, et observer de prendre à l'unisson; c'est à dire au même Ton, touttes les nottes fondamentales de chaque coloñe où Octave, par exemple, après avoir dé=coñté et entonné tous les Intervalles de la premiere coloñe, comme cy dessus, il faut entonner le Ré fondamental de la 2.me coloñe au même Ton que l'ut fondamental de la p.re coloñe. Ainsi des aûtres. Cet exercice sera d'un grand secours pour faire sentir à l'oreille la difference du Ton et du Demi-ton.

Quadrature.							
Ut	Ré	Mi	Fa	Sol	La	Si	Ut
Si	–	–	Mi	–	–	–	Si
–	Ut	Ré	–	Fa	Sol	La	–
La	Si	–	Ré	Mi	–	–	La
–	–	Ut	–	–	Fa	Sol	–
Sol	La	Si	Ut	Ré	Mi	–	Sol
–	–	–	Si	–	–	Fa	–
Fa	Sol	La	–	Ut	Ré	Mi	Fa
Mi	–	–	La	Si	–	–	Mi
–	Fa	Sol	–	–	Ut	Re	–
Ré	Mi	–	Sol	La	Si	–	Ré
–	–	Fa	–	–	–	Ut	–
Ut	Re	Mi	Fa	Sol	La	Si	Ut

On se sert de cinq lignes tracées parallellem.t pour ecrire la musique, c'est ce qu'on apelle, Portée.

Chaque ligne et chaque espace forme un dégré.
Les nottes se posent indifferament sur ces lignes, et dans les espaces qui sont entre deux.
Il y a trois Clefs differentes qui determinent l'ordre et le nom des nottes.
Les Clefs se posent sur des lignes et jamais dans des espa.ces
Clé de Sol. Clé d'ut. Clé de Fa.

Chaque Clef donne son nom aux nottes qui se rencontrent sur la ligne où elle est posée, les aûtres nottes en montant ou en décendant, se noment ensuitte, selon leur ordre naturel.
La ligne qui traverse la rondeur de la Clé de Sol, est celle sur laquelle cette clé est posée.
La ligne qui est entre les deux quarés de la clé d'ut, est celle où cette Clé est posée.
La ligne qui passe entre les deux points de la Clé de Fa, est celle où cette Clé est posée.
La Clé de Sol se pose sur la premiere et la 2.e ligne, et jamais ailleurs.
La Clé d'ut se pose sur la p.re 2.e. 3.e et 4.e ligne, et jamais sur la 5.e
La Clé de Fa n'a que deux positions, sçavoir sur la 3.e et 4.e ligne.

La clé de Sol sur la premiere ligne et celle de Fa sur la quatrieme, se raportent pour l'ordre et pour le nom des nottes. Exemple.

Les differentes positions de ces trois Clés, produisent sept changements, par le moyen desquels on peut trouver les sept noms de notte, sur chaque ligne et dans chaque espace.

EXEMPLE.

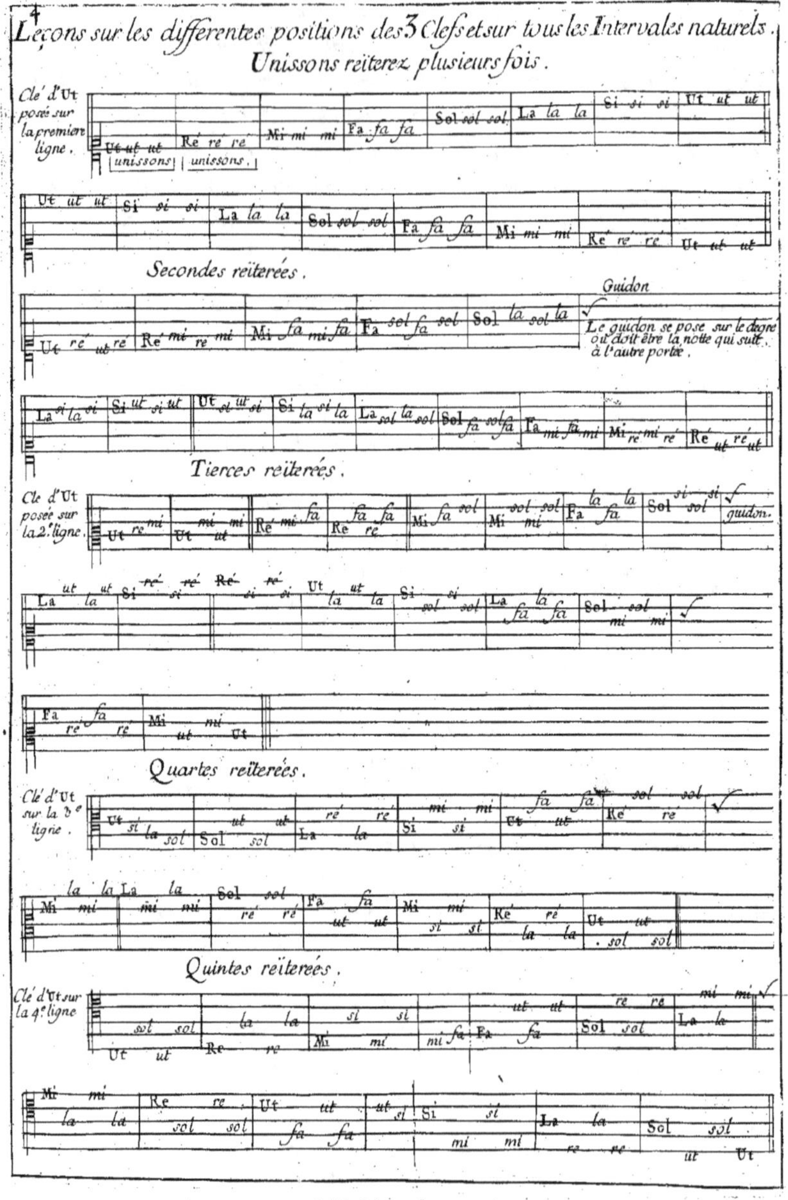

4
Leçons sur les differentes positions des 3 Clefs et sur tous les Intervales naturels.
Unissons reïterez plusieurs fois.
Clé d'Ut posée sur la premiere ligne.
Ut ut ut Ré re re Mi mi mi Fa fa fa Sol sol sol La la la Si si si Ut ut ut
unissons unissons
Ut ut ut Si si si La la la Sol sol sol Fa fa fa Mi mi mi Re re re Ut ut ut
Secondes reïterées.
Ut ré ut ré Ré mi re mi Mi fa mi fa Fa sol fa sol Sol la sol la
Guidon
Le guidon se pose sur le degré où doit être la notte qui suit à l'autre portée.
La si la si Si ut si ut Ut ré ut si Si la si la La sol la sol Sol fa sol fa Fa mi fa mi Mi ré mi ré Ré ut ré ut
Tierces reïterées.
Clé d'Ut posée sur la 2.e ligne.
Ut ré mi Ut mi ut Ré mi fa Re fa fa Mi fa sol Mi mi sol sol Fa fa sol Sol si si sol
guidon.
La ut la ut Si ré si Ré si si Ut la ut la Si sol si sol La la fa fa La Sol mi mi sol
Quartes reïterées.
Fa fa Mi mi re re ut ut
Clé d'Ut sur la 3.e ligne.
Ut st la sol Sol sol La la Si si Ut ut ré ré mi mi fa fa Ré re sol sol
Quintes reïterées.
Mi mi la la mi mi La la Sol sol ré ré Fa fa ut ut Mi mi si si Ré re la la Ut ut sol sol
Clé d'Ut sur la 4.e ligne.
Ut ut sol sol Re re la la Mi mi si si mi fa Fa fa Sol sol re re La la mi mi
Mi mi la la Re re sol sol Ut ut fa fa ut si Si si mi mi La la re re Sol sol ut Ut

Tout Intervalle qui a plus d'une Octave d'etendüe, est difficille à entonner, c'est à dire qu'il est difficille de passer de la premiere à la seconde note de l'Intervalle, sans détoñer.

Lors-que dans le cours du chant, soit en montant soit en décendant, il s'en rencontre quel=
=qu'un, il faut quand on n'a pas le temps de décoñter pour s'assurer de la juste intonatio,
entoñer à part soy, l'octave de la note ou l'on se trouve. A. et passer en suitte à la 2e note,
B, qui termine l'Intervalle.

On marquera cy dessous cette Octave muette, par une petitte note noire. •,

La Cadence, le Port de voix, et le Coulé sont les trois principaux agréments du chant.

La Cadence se marque dans tous les pays Etrangers, et dans la Musique imprimée en France,
par un, t, apparemment que la negligence d'arrondir le, t, par en bas, a formé la petite, +,
ou, ×, dont les François seuls se servent dans la Musique manuscrite et dans la Musique
gravée, pour designer cet agrément.

Le Port de voix se marque par, V, et le Coulé par, ⌢, ou, ‿.

Les Maîtres enseigneront mieux de vive voix, la maniere de bien former ces agrements, que
tout ce qu'on en pouroit dire par ecrit. Cependant voyez les pages, 78. 79. 80.

Maniere de concevoir et de former la Cadence, le port de voix, et le coulé.
Cadence. Port de voix. Coulé. Cadence.
Cadence. Port de voix. Cadence battüe.
demurz. Coulé.
à l'unisson
unisson. unisson.
Unissons
unisson. unisson.
unisson. unisson.
Le Bmol, ♭, Baisse d'un demi-ton, le son de la notte qui le suit. Exemple.
Ton Si La ♭si La Demi-ton
La si La ♭si Ton Demi-ton
Ton mi Re ♭mi Re Demi-ton
Re mi Re ♭mi Ton Demi-ton
Quinte
ton. ton. Demi-ton. Demi-ton. ton. ton. unisson. ton. Demi-ton. Demi-ton. ton. ton. Demi-ton. ton. ton. unisson.

Le *Dieze*, ✕, est le contraire du *B-mol*, ♭, il hausse d'un demi-ton, le son de la notte qui le suit. Exemple.

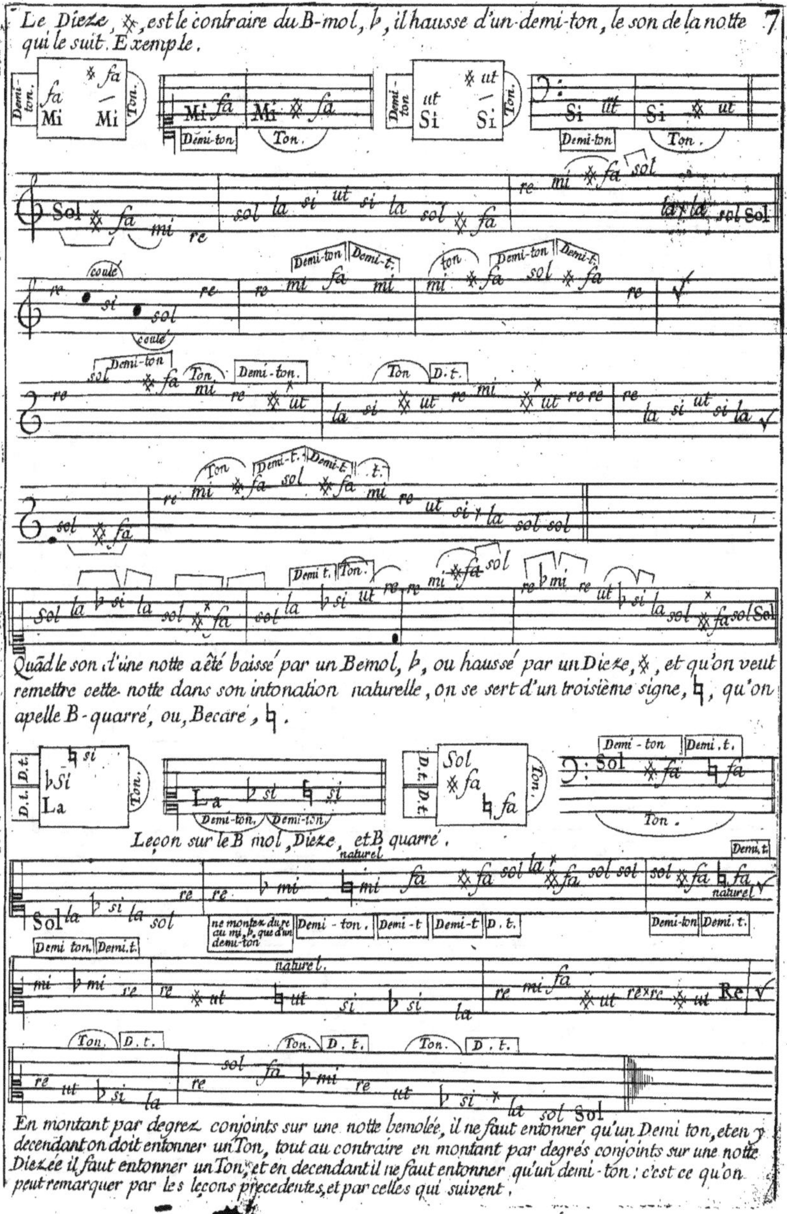

Quãd le son d'une notte a êté baissé par un *Bemol*, ♭, ou haussé par un *Dieze*, ✕, et qu'on veut remettre cette notte dans son intonation naturelle, on se sert d'un troisième signe, ♮, qu'on apelle *B-quarré*, ou, *Becaré*, ♮.

Leçon sur le *B mol*, *Dieze*, et *B quarré*.

En montant par degrez conjoints sur une notte bemolée, il ne faut entonner qu'un *Demi ton*, et en decendant on doit entonner un *Ton*, tout au contraire en montant par degrés conjoints sur une notte *Diezée* il faut entonner un *Ton*, et en decendant il ne faut entonner qu'un demi-ton : c'est ce qu'on peut remarquer par les leçons precedentes, et par celles qui suivent.

8 L'intervalle par degrez conjoincts entre deux B mols ou entre deux Diezes, est ordinairement
d'un Ton. Exemple.

Un B-mol, un Dieze ou un Bécare,
etant devant une notte, sert à touttes
celles qui la suivent immediattement
sur le même degré.

Ex.

Lorsqu'immediattem.t aprés une Clé, il se rencontre quelques B-mols ou quelques Diezes, on ne nomme pas les nottes suivant l'ordre de cette Clé, mais suivant l'ordre d'une aûtre Clé que l'on suppose sans B-mols ni sans Diezes: cette transposition du nom des nottes se fait de la maniere suivante.

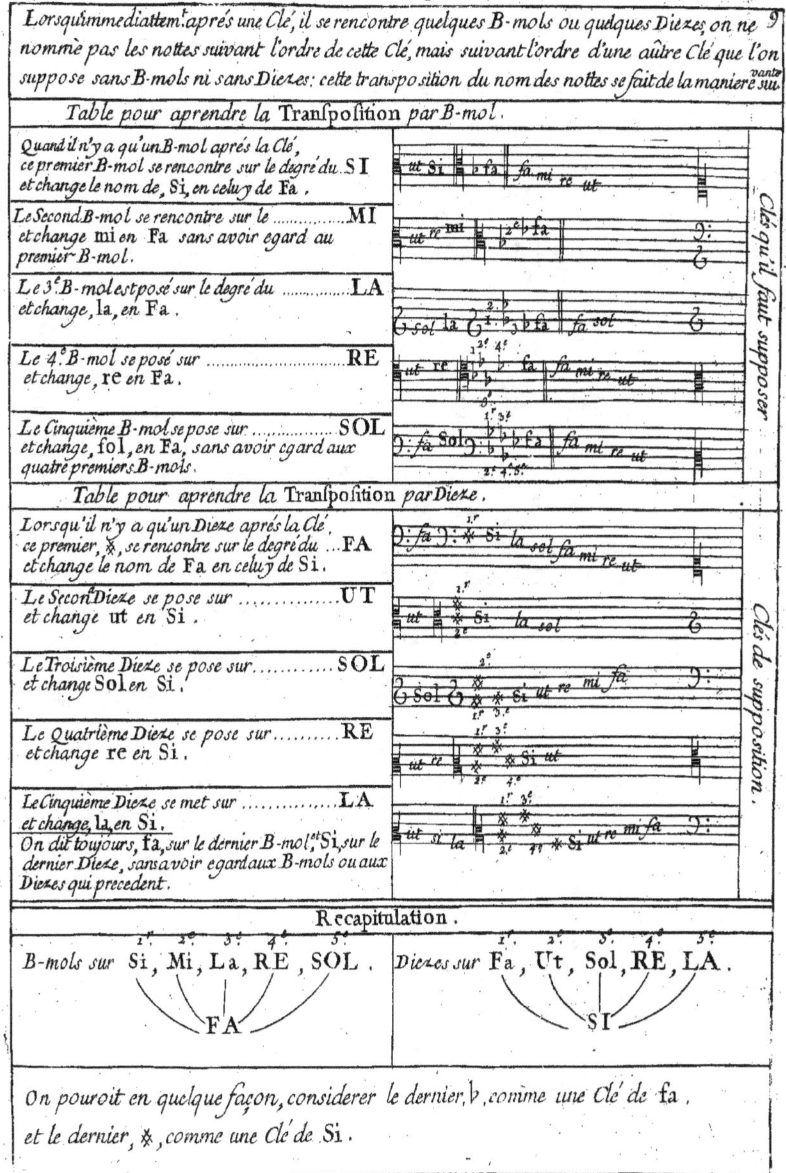

On pouroit en quelque façon, considerer le dernier, ♭, comme une Clé de fa. et le dernier, ✶, comme une Clé de Si.

Deux B-mols ou deux Diezes eloignez d'une octave
l'un de l'aûtre, ne sont contés que pour un seul.

Les habilles Maîtres ne mettent jamais plus de cinq B-mols n'y plus de 5 Diezes après les Clés.

Leçons sur les Transpositions par B-mols et par Diezes.

Ceux qui n'ont apris que superficiellement l'effet des B-mols et des Diezes, les croyent impratiqueb^s
ou ne les executent qu'avec incertitude; mais ceux qui les ont d'abord pratiqués avec attention,
les considerent au contraire, comme des signes naturels qui facilitent l'intonation: En effet il
arrive souvent qu'un intervalle seroit faux et difficile à chanter sans leur secours. Exemple.

Pour bien concevoir les raisons qui obligent à mettre des B-mols et des Dièzes immediat-tement apres les Clés et à supposer une Clé naturelle, il faut connoitre les Modes. c'est ce qu'on va voir cy dessous.

Il y a deux sortes de Tierces, Majeure et Mineure.

La Tierce Majeure contient deux tons Exemple.

Tierce majeure.	UT	FA	SOL	RE	♭SI
ton	mi	la	Si	✕fa	re
ton	re	sol	la	mi	ut
	UT	FA	SOL	RE	♭SI

La Tierce Mineure ne contient qu'un ton et demi Ex.

Tierce mineure	RE	LA	SOL	UT	SI
semi ton	fa	ut	♭si	♭mi	re
ton	mi	si	la	re	✕ut
	RE	LA	SOL	UT	SI

Il y a deux differentes manieres de conduire le chant, qu'on appelle, Modes.
C'est ordinairement la notte finalle d'une piece qui sert de baze aux deux Modes.
On connoit l'espece du Mode par la Tierce.
Lorsqu'en montant de la notte Finalle ou fondamentalle, la Tierce audessus se trouve majeure, le Mode est Majeur.
Lorsque la Tierce au dessus de la notte finalle, est mineure, le Mode est mineur.
On marquera cy aprés la notte fondamentalle ou finalle, par ce signe ⌢ ou ⌣

Maniere de conoitre le Mode.

Mode majeur sur le Sol. — Mode mineur sur le la.

Mode majeur sur le Fa — Mode mineur sur le Sol

Mode majeur sur le Re — Mode mineur sur le Ut.

Il faut encor scavoir que le different arrangement des Tons et des Demitons, fait la difference des deux Modes.
Dans l'octave du Mode majeur les deux Semi tons sont, l'un entre le 3e. et le 4e. degré, et l'autre entre le 7e. et le 8e. degré.

Constitution du Mode Majeur.

Degrés 1 2 3 4 5 6 7 8

UT re mi fa sol la si Ut

On remarquera dans les trois Octaves suivantes, les differents endroits ou se doivent rencontrer les Tons et les Semi-tons, pour former les deux Modes.

Le Mode mineur se solfie par deux ordres differents.

Le p.^r ordre se solfie par l'octave du re.

Le 2.^e ordre se solfie par l'octave du la.

Le Mode majeur n'a qu'un ordre, il se solfie toujours par l'octave de l'ut.

Mode majeur	Mode mineur du pre.^r ordre	Mode mineur du 2.e ordre
8 ut	8 re	8 la
7 si	—	—
—	7 ut	7 sol
6 la	6 si	—
—	—	6 fa
5 sol	5 la	5 mi
—	—	—
4 fa	4 sol	4 re
3 mi	—	—
—	3 fa	3 ut
2 re	2 mi	2 si
—	—	—
1 UT	1 RE	1 LA

Le Mode majeur et le Mode mineur peuvent se transposer sur tous les degrés, par le moy=en des B-mols ou des Diezes qu'on pose aprés les clés en certains endroits, afin de faire ren=contrer les deux Semi-tons dans les lieux convenables au Mode que l'on traitte, Par Exemple.

Pour transposer le Mode majeur un degré plus haut que son lieu naturel, sçavoir sur le Re, il faut deux diezes aprés la Clé, l'un sur fa, et l'autre sur ut, afin de hausser ces deux nottes d'un demi ton chacune, et de faire rencontrer les Tons et les Demi-tons dans les endroits convenables à la constitution de ce Mode, ainsi du reste, comme on le comprendra par la Table Suivante.

Table du Mode majeur, transposé sur tous les Degrés, par le moïen des Diezes et des B-mols.

	Ut	Re	Mi	Fa	Sol	La	Si	♭Si	♭Mi
8	Ut	Re	Mi	Fa	Sol	La	Si	♭Si	♭Mi
7	si	✳ut	✳re	mi	✳fa	✳sol	✳la	la	re
—	—	—	—	—	—	—	—	—	—
6	la	si	✳ut	re	mi	✳fa	✳sol	sol	ut
—	—	—	—	—	—	—	—	—	—
5	sol	la	si	ut	re	mi	✳fa	fa	♭si
—	—	—	—	—	—	—	—	—	—
4	fa	sol	la	♭si	ut	re	mi	♭mi	♭la
3	mi	✳fa	✳sol	la	si	✳ut	✳re	re	sol
—	—	—	—	—	—	—	—	—	—
2	re	mi	✳fa	sol	la	si	✳ut	ut	fa
—	—	—	—	—	—	—	—	—	—
1	UT	RE	MI	FA	SOL	LA	SI	♭SI	♭MI
	Naturel sur ut	Transposé sur re	Transp. sur mi.	Transp. sur fa.	Transp. sur sol.	Transp. sur la.	Transp. sur si.	Transp. sur si♭	Transp. sur mi♭

Il faut s'exercer à entonner touttes les octaves de la Table precedente, en pre=nant touttes les nottes fondamentalles de chaque Colone, à l'unisson; et pren-dre garde à chanter bien juste les Diezes et les B-mols.

On conoitra par cet exercice, la difficulté qu'il y a de bien entonner plusieurs Diezes et plusieurs B-mols de suitte.

Pour eviter cet embaras, on transpose le nom des nottes en chantant toujours le Mode majeur par l'octave naturelle de l'ut, quoy que ce Mode soit transposé sur d'autres degrez; et afin d'avoir tou-jours ces noms de notte presents à l'ima-gination, on supose une Clé naturelle qui soulage la memoire et dont on suit l'ordre naturel. Exemple.

Mode majeur en son degré naturel.

Mode majeur transposé sur le degré Re, un degré plus haut que son degré naturel.

Mode majeur transposé sur le Mi, par le moïen de 4 Diezes aprés la Clé.

Mode majeur transposé sur le fa, par le moïen d'un B-mol

ainsi du reste.

Le Mode mineur Transposé par le moïen des B-mols, se raporte au Mode mineur du p.ʳ ordre, et se solfie de même, par l'octave naturelle du Re

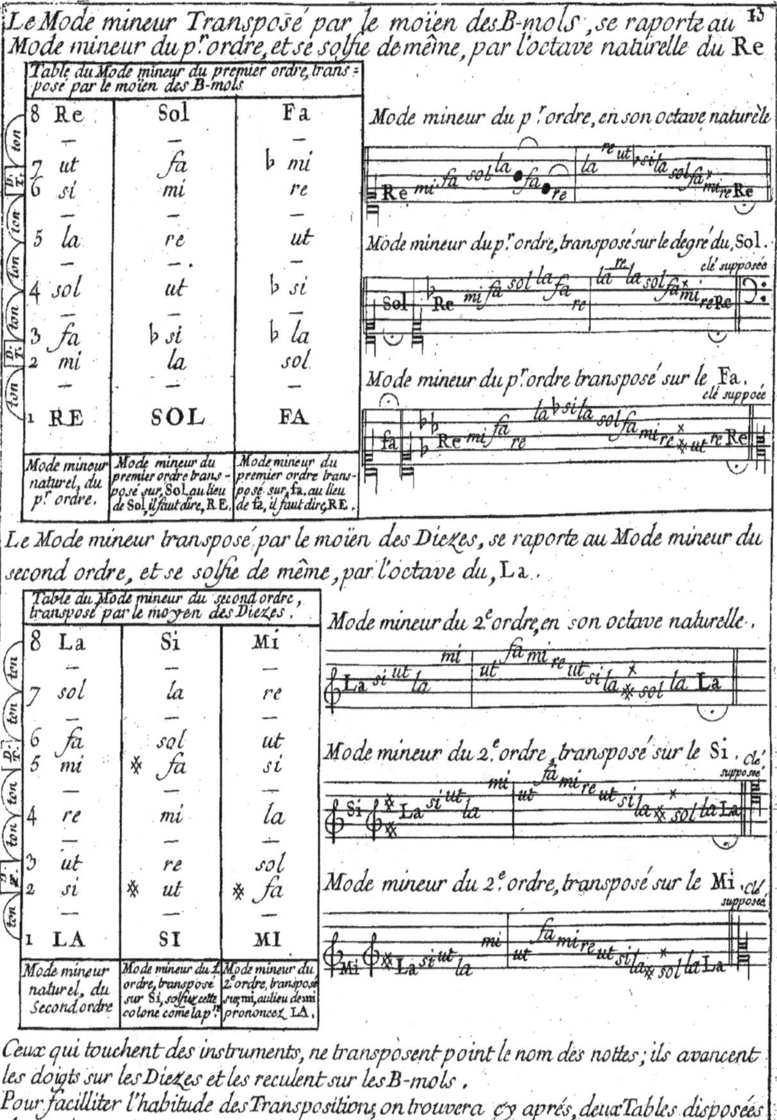

Table du Mode mineur du premier ordre, trans=posé par le moïen des B-mols.

	Re	Sol	Fa
8	Re	Sol	Fa
7	ut	fa	♭ mi
6	si	mi	re
5	la	re	ut
4	sol	ut	♭ si
3	fa	♭ si	♭ la
2	mi	la	sol
1	RE	SOL	FA

Mode mineur naturel, du p.ʳ ordre. — Mode mineur du premier ordre transposé sur, Sol, au lieu de Sol, il faut dire, RE. — Mode mineur du premier ordre transposé sur, fa, au lieu de fa, il faut dire, RE.

Mode mineur du p.ʳ ordre, en son octave naturèle

Mode mineur du p.ʳ ordre, transposé sur le degré du, Sol.

Mode mineur du p.ʳ ordre transposé sur le Fa.

Le Mode mineur transposé par le moïen des Diezes, se raporte au Mode mineur du second ordre, et se solfie de même, par l'octave du, La.

Table du Mode mineur du second ordre, transposé par le moyen des Diezes.

	La	Si	Mi
8	La	Si	Mi
7	sol	la	re
6	fa	sol	ut
5	mi	✳ fa	si
4	re	mi	la
3	ut	re	sol
2	si	✳ ut	✳ fa
1	LA	SI	MI

Mode mineur naturel, du Second ordre — Mode mineur du 2.ᵈ ordre, transposé sur Si, solfiez cette colone come la p.ʳᵉ — Mode mineur du 2.ᵈ ordre, transposé sur mi, au lieu de mi, prononcez LA.

Mode mineur du 2.ᵉ ordre, en son octave naturelle.

Mode mineur du 2.ᵉ ordre, transposé sur le Si. clé supposée

Mode mineur du 2.ᵉ ordre, transposé sur le Mi. clé supposée

Ceux qui touchent des instruments, ne transposent point le nom des nottes; ils avancent les doigts sur les Diezes et les reculent sur les B-mols.

Pour facilliter l'habitude des Transpositions on trouvera cy aprés, deux Tables disposées de maniere qu'on poura voir d'un coup d'œil touttes les differentes positions des trois Clés suivies de B-mols et de Diezes, avec la clé qu'il faut supposer à chaque Transposition.

Table des Transpositions par B-mol, et des Clefs naturelles qu'il
faut supposer à chaque Transposition.

	Premier B-mol sur Si.	2.e B-mol sur Mi.	3.e B-mol sur La.	4.e B-mol sur Re.	5.e B-mol sur Sol.	6.e B-mol sur Ut.
Clé de ut, sur la première ligne	1.	2.	3.	4.	5.	6.
Clé d'ut sur la 2.e ligne.	1.	2.	3.	4.	5.	6.
Clé d'ut sur la 3.e ligne.	1.	2.	3.	4.	5.	6.
Clé d'ut sur la 4.e ligne.	1.	2.	3.	4.	5.	6.
Clé de Sol sur la 2.e ligne.	1.	2.	3.	4.	5.	6.
Clé de Fa sur la 3.e ligne.	1.	2.	3.	4.	5.	6.
Clé de Fa sur la 4.e ligne et Clé de Sol sur la p.re ligne	1. Ces deux Clés se raportent pour le nom des notes	2.	3.	4.	5.	6.

On peut voir, par ces deux Tables, qu'il n'y a point de Transpositions qui ne se
rapportent à une Clé naturelle par supposition.

Table des Transpositions par Diezes, et des Clefs naturelles supposées.

	Premier Dieze sur, Fa.	2.ᵉ Dieze sur, Ut,	3.ᵉ Dieze sur, Sol.	4.ᵉ Dieze sur, Re.	5.ᵉ Dieze sur, La.	6.ᵉ Dieze sur, Mi.
Clé de ut sur la premier ligne	1.	2.	3.	4.	5.	6.
Clé d'ut sur la 2.ᵉ ligne.	1.	2.	3.	4.	5.	6.
Clé d'ut sur la 3.ᵉ ligne.	1.	2.	3.	4.	5.	6.
Clé d'ut sur la 4.ᵉ ligne.	1.	2.	3.	4.	5.	6.
Clé de Sol sur la 2.ᵉ ligne.	1.	2.	3.	4.	5.	6.
Clé de Fa sur la 3.ᵉ ligne.	1.	2.	3.	4.	5.	6.
Clé de Fa sur la 4.ᵉ ligne, et clé de Sol sur la premiere.	1.	2.	3.	4.	5.	6.

On rencontre rarement six B-mols et six Diezes aprés la Clé, parce qu'un si grand nombre cause de la fausseté sur les instruments.

Les Compositeurs de Musique se servent ordinairement du Mode majeur naturel, ou transposé, pour exprimer le triomphe, la gayeté, la vivacité, et même le desespoir. Et du Mode mineur naturel ou transposé, pour exprimer la douceur, la tranquilité, la tendresse et la plainte.

Cependant les Autheurs modernes se servent indifferemment de l'un et de l'autre Mode, pour touttes sortes d'expressions.

On transpose les Modes, ou plus haut ou plus bas que leurs lieux naturels, afin de donner plus ou moins d'eclat aux voix et aux instruments, suivant que l'expression le demande.

Les Tables suivantes acheveront de donner une parfaitte connoissance de la transposition des Modes et du nom des nottes.

On y remarquera que le Mode majeur, en quelque degré qu'il puisse être transposé, se solfie toujours par l'octave naturelle de l'ut, parceque cette nomination fait toujours rencontrer les Demi-tons entre, mi fa, et entre, si ut.

Mode majeur transposé sur tous les degrés de l'octave.

Mode majeur en son degré naturel.

intervalle	degré	note
Demi-ton	8	ut
ton	7	si
ton	6	la
ton	5	sol
Demi-ton	4	fa
ton	3	mi
ton	2	re
	1	Ut

Mode majeur transposé sur Re.

note	degré	solfie
re	8	ut
♯ut	7	si
si	6	la
la	5	sol
sol	4	fa
♯fa	3	mi
mi	2	re
Re	1	ut

Mode majeur transposé sur Mi.

note	degré	solfie
mi	8	ut
♯re	7	si
♯ut	6	la
si	5	sol
la	4	fa
♯sol	3	mi
♯fa	2	re
Mi	1	ut

Mode majeur transposé sur Fa.

note	degré	solfie
fa	8	ut
mi	7	si
re	6	la
ut	5	sol
♭si	4	fa
la	3	mi
sol	2	re
Fa	1	ut

Mode majeur sur Sol.

note	degré	solfie
sol	8	ut
♯fa	7	si
mi	6	la
re	5	sol
ut	4	fa
si	3	mi
la	2	re
Sol	1	ut

sur la.

note	degré	solfie
la	8	ut
♯sol	7	si
♯fa	6	la
mi	5	sol
re	4	fa
♯ut	3	mi
si	2	re
La	1	ut

sur ♭ si.

note	degré	solfie
si	8	ut
la	7	si
sol	6	la
fa	5	sol
♭mi	4	fa
re	3	mi
ut	2	re
♭Si	1	ut

sur si ♮

note	degré	solfie
si	8	ut
♯la	7	si
♯sol	6	la
♯fa	5	sol
mi	4	fa
♯re	3	mi
♯ut	2	re
♮Si	1	ut

On connoît quand un mode est dans son octave naturelle, lorsqu'il n'y a ni B-mols ni Diezes après la Clé.

On connoît quand un mode est transposé plus haut ou plus bas que son lieu naturel, lorsqu'il y a des Diezes ou des B-mols après la Clé.

Il n'y a que trois octaves au naturel, Sçavoir

Celle de, ut, pour le Mode majeur ; Celle de Re, et de, La, pour le Mode mineur.

On ne solfie jamais, soit au naturel soit au transposé, que par l'une de ces trois octaves.

Le Mode mineur transposé par le moyen des B-mols, se solfie par l'octave de Re.

Le Mode mineur transposé par le moyen des Diezes, se solfie par l'octave de La. C'est ce qu'on verra par les Tables qui suivent.

Table du Mode mineur du premier ordre, transposé par le moyen des B-mols.

Intervalles (accolade de gauche) : ton / ton / ton / Demi ton / ton / ton / Demi ton / ton

Degré	Solfège (octave de Re)	Mode mineur 1er ordre en son degré naturel	transposé un ton plus bas que son degré naturel	Mode mi. une tierce plus haut que son degré naturel	transposé sur la notte, Sol	sur ♭ Si
8	re	re	ut	fa	sol	♭si
7	ut	ut	♭si	♭mi	fa	♭la
6	si	si	la	re	mi	sol
5	la	la	sol	ut	re	fa
4	sol	sol	fa	♭si	ut	♭mi
3	fa	fa	♭mi	♭la	♭si	♭re
2	mi	mi	re	sol	la	ut
1	re	Re	Ut	Fa	Sol	♭Si

Notation (portées, gammes descendantes sous chaque colonne) :
- Mode naturel (Re) : re, ut, si, la, sol, fa, mi, Re
- (un ♭) : re, ut, si, la, sol, fa, mi, Ut
- (un ♭) : re, si, la, sol, fa, mi, Fa
- (un ♭) : Sol, re
- (deux ♭) : ♭Si, re

Table du Mode mineur du 2e ordre, transposé par le moyen des Diezes.

Intervalles (accolade de gauche) : ton / ton / ton / Demi ton / ton / Demi ton / ton

Degré	Solfège (octave de La)	Mode mi. 2e ordre en son lieu naturel	transposé sur le ♮ Si	transposé sur le Mi	transposé sur le Fa Dieze
8	la	la	~~si~~	mi	♯fa
7	sol	sol	la	re	mi
6	fa	fa	sol	ut	re
5	mi	mi	♯fa	si	♯ut
4	re	re	mi	la	si
3	ut	ut	re	sol	la
2	si	si	♯ut	♯fa	♯sol
1	la	La	Si	Mi	♯Fa

(La tête « si 8 la » de la colonne sur le ♮ Si est barrée.)

Notation (clé de Fa, gammes descendantes sous chaque colonne) :
- Mode naturel (La) : la, sol, fa, mi, re, ut, si, La
- (sur le ♮ Si) : la, sol, fa, mi, re, ut, si, Si
- (sur le Mi) : la, sol, fa, mi, re, ut, Mi
- (sur le Fa ♯) : la, sol, fa, mi, re, ut, ♯Fa

Il suffira d'Oresnavant de nommer, fa, le dernier B-mol ; et de nommer, Si, le dernier Dieze : cette maniere de solfier dans les Transpositions, me paroit la plus simple. Voyez la page 9 cy devant.

18 Il est temps à present de s'exercer à nommer les nottes, sans que leur nom soit en ecrit sur les Degrés.

Les nottes vont être designées par des, o, Chaque, o, prendra le nom du degré ou il sera placé. Exemple.

SECONDE PARTIE.

Sur les differentes Valeurs de nottes, sur les Mesures et sur les Mouvements.

Il y a cinq figures de Nottes pour la durée des sons. Sçavoir,

La Ronde, O, La Blanche, ou, la Noire, ou, la Croche, ou, et la Double-croche, ou, .

La Ronde est la Notte qui a le plus de valeur.

La Blanche vaut la moitié de la ronde.

La Noire vaut la moitié de la blanche.

La Croche vaut la moitié de la noire.

La Double-croche vaut la moitié de la croche.

Table de la valeur des nottes comparées les unes aux aûtres.

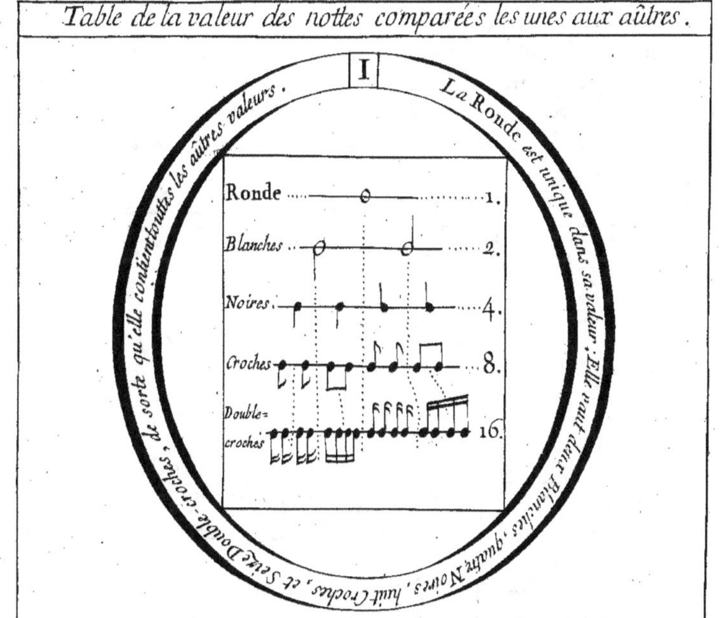

On regle la juste durée des sons ou Nottes, par plusieurs Temps ou mouvements egaux qui se font de la main : c'est ce qu'on apelle, Battre la mesure.

La Mesure se bat à deux, à trois, et a quatre temps.

La Mesure à deux temps se marque apres la Clé par un, 2.

La Mesure à trois temps par un, 3 et la Mesure à quatre temps par un, C.

La Mesure à deux temps se bat en baissant la main; ce p.r temps s'appelle, le frapé.

on releve en suitte la main à la hauteur du menton; ce 2.e temps s'apelle, le levé.

On ne doit pas rester davantage sur un temps que sur l'autre.

Il faut deux Blanches pour remplir la mesure à deux temps; c'est une blanche en frap=
pant et une blanche en levant. La Ronde qui vaut deux Blanches, remplira par conse=
quent, la Mesure entiere.

Les petittes barres perpendiculaires, |. Servent à separer chaque Mesure.

Il faut deux Noires pour une blanche, c'est pourquoy il faut deux Noires pour chaque
temps, et quatre Noires pour la Mesure entiere.

Les Blanches vont plus vitte que les Rondes, et les Noires passent aussi une fois plus vitte que les
Blanches. Il ne faut pas rester plus long-temps sur une noire que sur une autre; car
c'est de cette egalité que depend la justesse de l'execution: Pour cet effet, il faut bien
partager, dans son imagination, chaque temps en deux parties tres egales.

Deux Noires vallent quatre Croches, c'est pourquoi il faut quatre Croches pour un temps, et
huit Croches pour la Mesure entiere; les Croches, par consequent, passent une fois plus
vitte que les Noires.

Les Double-croches sont rarement employées dans la Mesure à deux temps, il en faut
huit pour chaque temps et 16 pour la Mesure; elle vont une fois plus vitte que les
croches, c'est ce qu'on verra en son lieu.

Il ne faut pas confondre la Mesure avec le Mouvement, car ce sont deux choses differentes, puisqu'un même signe de mesure se bat quelques fois lentement et quelques=fois legerement . Exemple.

Lorsqu'il se rencontre une Noire, et ensuitte deux Chroches dans un temps de la Mesure, il faut demeurer sur la Noire, pendant la moitié du temps, et passer ensuitte les deux croches sur l'âutre moitié du temps, en appüiant un peu plus la voix sur la premiere croche que sur la seconde ; cette seconde croche doit passer un peu plus vitte que la premiere.

Lorsqu'il se rencontre deux Croches et en suitte une Noire dans un temps, il faut chanter les deux croches dans la pᵣᵉ moitié du temps et rester sur la Noire pendant l'âutre moitié du temps, parceque la Noire vaut autant que les deux Croches .
L'exemple qui est cy dessus et celui qui est cy dessous, feront connoitre la necessité qu'il y a de bien sentir les deux parties ou moitiés de chaque Temps .

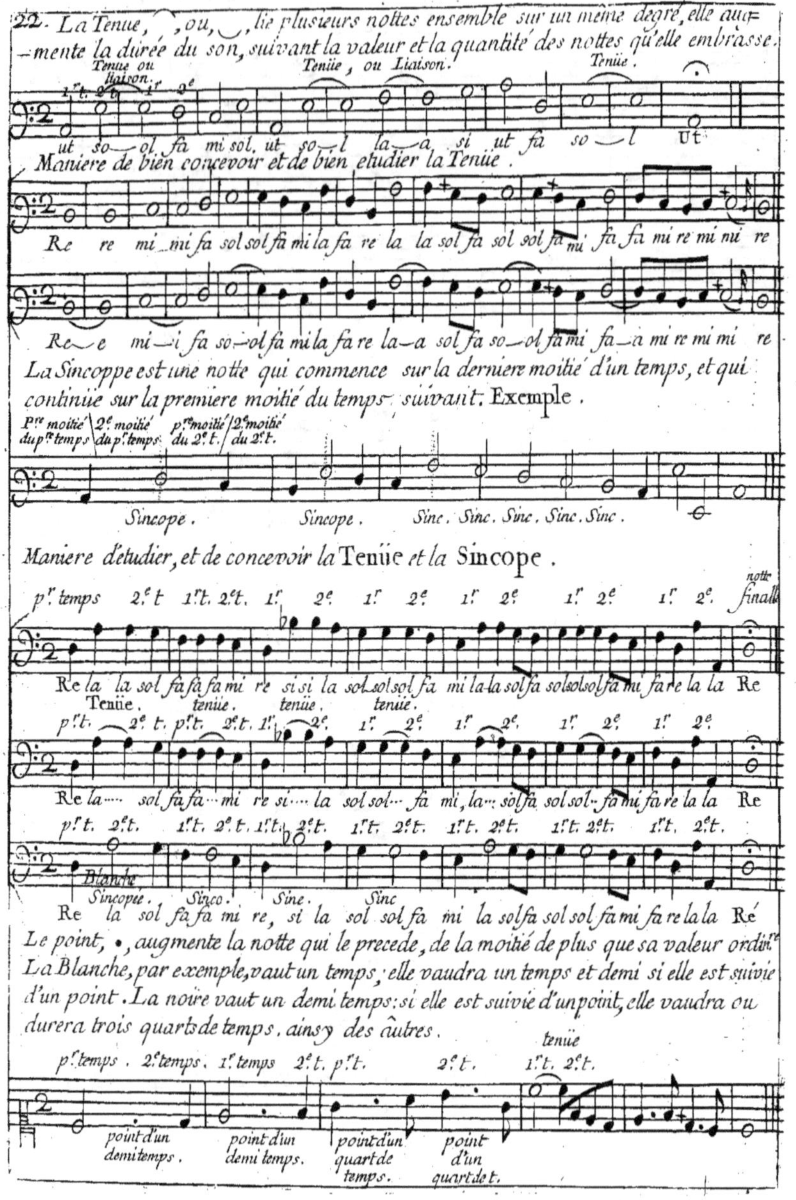

22. La Tenüe, ⌒, ou, ⌣, lie plusieurs nottes ensemble sur un même degré, elle aug=
=mente la durée du son, suivant la valeur et la quantité des nottes qu'elle embrasse.

Maniere de bien concevoir et de bien etudier la Tenüe.

La Sincoppe est une notte qui commence sur la derniere moitié d'un temps, et qui
continüe sur la premiere moitié du temps suivant. Exemple.

Maniere d'etudier, et de concevoir la Tenüe et la Sincope.

Le point, •, augmente la notte qui le precede, de la moitié de plus que sa valeur ordin.re
La Blanche, par exemple, vaut un temps; elle vaudra un temps et demi si elle est suivie
d'un point. La noire vaut un demi temps: si elle est suivie d'un point, elle vaudra ou
durera trois quarts de temps, ainsy des autres.

La Ronde pointée vaut trois Blanches.	La Blanche pointée vaut trois Noires.
La Noire pointée vaut trois Croches.	La Croche pointée vaut trois double-croches.

Il y a cinq differentes figures de Poses pour la durée des Silences.

La Pause, $\frac{1}{}$, La demi-pose, $\frac{2}{}$, Le Soupir, $\frac{3}{}$, Le Demi-soupir, $\frac{4}{}$,

Le Quart de Soupir, $\frac{5}{}$.

La Mesure fait durer les sons et les Silences plus ou moins, selon que les Signes, qui en marquent l'etendüe, ou la quantité, ont plus ou moins de valeur.

24.

La Mesure en trois temps, a deux frappés et un levé.

Le premier temps se fait en baissant la main; Le 2.ᵉ temps se fait en retournant la main et en la portant du côté droit; Le 3.ᵉ temps se fait en relevant la main à la hauteur du menton.

On designe la mesure à trois temps, par un, 3, ou par $\frac{3}{4}$: C'est la valeur d'une Noire pour chaque temps.

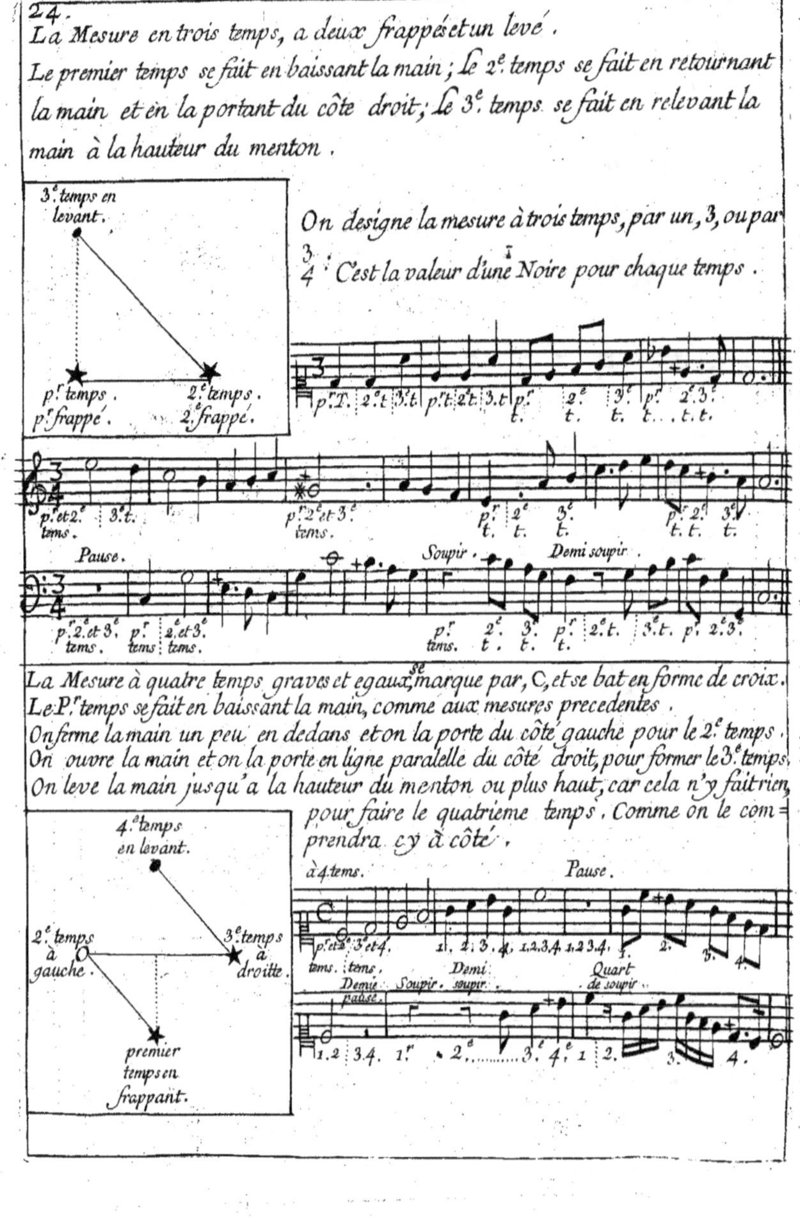

La Mesure à quatre temps graves et egaux, se marque par, C, et se bat en forme de croix.
Le P.ʳ temps se fait en baissant la main, comme aux mesures precedentes.
On ferme la main un peu en dedans et on la porte du côté gauche pour le 2.ᵉ temps.
On ouvre la main et on la porte en ligne paralelle du côté droit, pour former le 3.ᵉ temps.
On leve la main jusqu'a la hauteur du menton ou plus haut, car cela n'y fait rien, pour faire le quatrieme temps. Comme on le comprendra cy à côté.

Lorsque le, C, est barré, ₵, la Mesure se bat à 4 temps legers.

Le, ₵, se bat quelques fois à deux temps, pour on met la moitié des nottes de la mesure en frappant et l'aûtre moitié en levant.

Il y a plusieurs sortes de mesures que l'on designe par deux chiffres posés l'un sur l'âutre.
Le chiffre d'en haut est le numerateur, et le chiffre d'en bas est le denominateur,

Exemple

2 / 4 : deux quarts. } De la Ronde, qui sont deux noires, ou l'equivalent pour chaque Mesure.

3 / 4 : trois quarts. } de la Ronde

6 / 4 : Six quarts. } de la Ronde

6 / 8 : Six huittieme } De la Ronde qui sont six croches, ou l'equivalent pour chaque mesure.

Table des Mesures dont le nombre des Tems est pair.

La mesure marquée simplement par un, 2, se bat à deux temps egaux. C'est la valeur d'une Blanche pour chaque temps.	à deux tems moderés. 1.2. 1.2. 1.. 2.. 1.2. 1.. 2. 1.2 1.2.
La mesure marquée par, 2/4, se bat à deux temps egaux. C'est la valeur d'une noire pour chaque temps. Comme les noires ont plus de legereté que les blanches, cette mesure se bat une fois plus vitte que la mesure precedente.	à deux tems legers. 1.2. 1.2. 1.. 2.. 1.2. 1.. 2. 1.2
Quand le, ₵, se bat à deux temps, c'est la valeur d'une Blanche pour chaque temps.	à 2 tems lents. 1.2.
Quãd le, ₵, se bat à 4 temps legers, c'est la valeur d'une noire pour chaque temps.	à 4. tems legers. 1.2.3.4. 1.2.3.4 1.2.3.4. 1.2.3.4 1.2.3.4. 1.2.3.4.
Le simple, C, se bat à quatre temps graves. C'est la valeur d'une noire pour chaque temps.	à 4 tems graves. 1.2.3.4. 1.2.3.4 1.. 2.. 3.4. 2.3. 4.

Table des Mesures dont le nombre des tems est non pair.

Il y a des mesures qu'on apelle, Simples, et d'autres mesures qu'on apelle composées.

Les mesures simples sont celles qui peuvent avoir deux nottes de même espéce dans chaque tems, comme deux noires ou deux croches.

Les mesures composées sont celles qui peuvent avoir trois nottes de même especes ou valeur, dans chaque tems, comme trois noires ou trois croches.

Les mesures composées tirent leur origine des deux mesures à trois tems, $\frac{3}{4}$ et $\frac{3}{8}$.

Les mesures composées n'ont été inventées que pour soulager le bras du batteur de mesure, et pour eviter la multiplicité des barres qui separent les mesures. C'est ce qu'on remarquera cy apres.

Battez la leçon suivante à 3 tems lents et distingts.

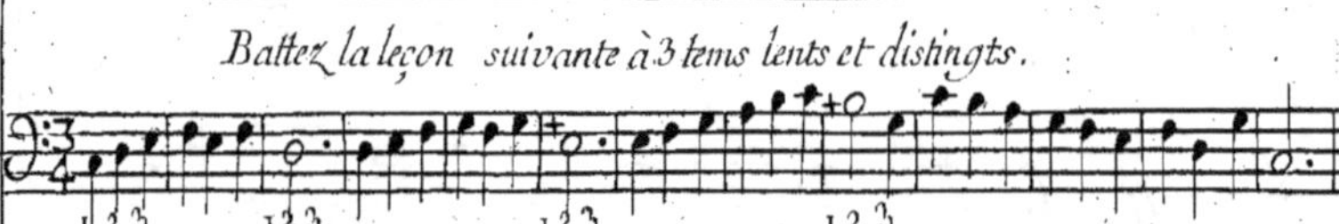

Recommencez la leçon precedente plusieurs fois de suitte, en pressant de plus en plus le mouvement à chaque fois, jusqu'à ce que vous sentiez que le bras, par sa grandeur et par sa pesenteur, ne puisse plus distinguer les trois tems. Cet exercice vous fera sentir la necessité qu'il y a de ne battre que deux tems au lieu de trois, quand l'expression oblige de battre cette mesure d'un mouvement leger.

Dans la mesure à deux tems inegaux au lieu de trois tems egaux; on reste
une fois plus longtems sur le frappé que sur le levé, et on employe par consequent
les deux tiers de la mesure en frappant et l'âutre tiers en levant.

a deux tems inegaux.

frappé levé | frap levé | fr lev.

Comme il est fatiguant et même desagreable de baisser et de lever le bras
si vitte et si souvent, on a remedié à cet inconvenient en introduisant une
mesure composée de deux mesures du triple, $\frac{3}{4}$, dont l'une s'executte en frappant et l'âutre en levant, de sorte que deux mesures simples, onn'en fait
qu'une, et que de six battements, ou tems de la main, on n'en fait que deux.
On marque cette mesure composée, par, $\frac{6}{4}$, qui sont six noires ou l'equi=
valent pour toutte la mesure; Elle se bat à deux tems egaux, c'est la va=
leur de trois noires pour chaque tems.

premier tems. 2.e tems. p.t 2.t. p.t. 2.t. 1.t 2.t... 1.t 2.t... 1.t... 2.t...

Lors-que le mouvement demande encor plus de vitesse, les Compositeurs se
servent de la mesure designeé par, $\frac{6}{8}$, qui sont 6 croches ou l'equivalent, par=
=ceque les croches vont plus vitte que les noires.

1r... 2e... 1. 2... 1... 2. 1... 2... 1... 2... 1.... 2....

Tables sur la différence qu'il y a entre les mesures simples et les mesures composées.

Premiere Table.

	Partagez chaque tems en deux parties bien egales.
Mesure simple. 2 noires à chaque tems.	à 2 tems 1. 2. 1. 2. 1. 2.1.2.1.2.1. 2. 1.2. 1. 2. 1.2.1.2. p.r tems. 2.e tems. p.t.2.t. p.t.2.t.p.t 2.t. 1.t. 2.t. p.t. 2.t.
	Partagez chaque tems en trois parties bien egales.
Mesure composée. 3 noires pour chaque tems.	à deux tems 1.2.3. 1.2.3. 1.2.3. 1.2.3. 1.23.1.3. 1.2.3. 1.2.3. 1. 2.3. 1. 2.3. 1.2.3.1. 2.3. p.r tems. 2.e tems. 2.t. p.t. p.2. p.t. 2.t. p.t. 2.t. p.t.2.t. 1. t.

Deûxième Table.

Les Mesures Composées, $\frac{6}{4}$, $\frac{9}{4}$, et $\frac{12}{4}$, tirent leur origine de la mesure Simple, $\frac{3}{4}$.

Mesure Simple à trois tems.	
Le $\frac{6}{4}$, se bat à deux tems. Il faut la valeur de trois noires pour chaque tems.	
Le $\frac{9}{4}$, se bat à trois tems. Il faut la valeur de trois noires dans chaque tems.	
La mesure $\frac{12}{4}$, se bat à quatre tems. Chaque tems renferme la valeur de trois noires.	

Les Mesures Composées, $\frac{6}{8}$, $\frac{9}{8}$, et $\frac{12}{8}$, Sortent de la mesure Simple designé par, $\frac{3}{8}$, et se battent plus vitte que les mesures precedentes.

Mesure Simple à trois tems.	
Le $\frac{6}{8}$, se bat à deux tems. Il faut la valeur de trois croches pour chaque tems.	
Le $\frac{9}{8}$, se bat à trois tems. Il faut la valeur de trois croches pour remplir chaque tems.	
Le $\frac{12}{8}$, se bat à quatre tems. Il faut la valeur de trois croches dans chaque tems.	

Entre les Mesures Simples, il y en a qui sont designées par deux chiffres posés l'un sur l'autre, comme dans les Mesures composées.

On connoit quand c'est une mesure simple, lorsque le chiffre superieur n'exède pas le nombre, 4. Mesures simples, $\frac{2}{4}$, $\frac{4}{8}$, $\frac{3}{2}$, $\frac{3}{4}$, $\frac{3}{8}$.

On connoit quand c'est une mesure composée lorsque le chiffre superieur monte à, 6, à, 9, ou à, 12. Mesures composées, $\frac{6}{4}$, $\frac{9}{4}$, $\frac{12}{4}$, $\frac{6}{8}$, $\frac{9}{8}$, $\frac{12}{8}$.

3º. Pour s'assurer du nombre des tems qu'il faut battre dans les mesures com =
posées, il faut prendre le tiers du chiffre superieur. Par exemple.
$\frac{6}{4}$, est une mesure composée, par ce que le chiffre d'en haut surpasse le nombre, 4,
Le tiers de, 6 est 2, Il faut battre à deux tems.
$\frac{9}{4}$ est une mesure composée. Le tiers de 9 est, 3, Il faut battre à trois tems.
$\frac{12}{8}$, est une mesure composée, par-ce-que le nombre d'en haut excede le nombre, 4,
Le tiers de 12 est, 4, Il faut battre la mesure à quatre tems.
Le chiffre d'en bas indique quelles sont les parties de la Ronde qui entrent
dans la Mesure, Scavoir, si ce sont des Noires ou des croches, Et le chiffre
d'en haut en indique le nombre.

Voila les signes & les chiffres, qui sont en usage pour marquer les differents
mesures, et les differents mouvements, dont la trop grande quantité ne sert qu'à
rendre la Musique difficille et rebutante, come on le verra dans la 4.º partie de ce livre.

Les croches se chantent quelque-fois egallement et quelque-fois inégallement.
Quand on les fait egalles, on reste autant sur la seconde que sur la premiere
Quand on les fait inégalles, on demeure un peu plus sur la p.re que sur la seconde.

Exemple.

Quand le compositeur veut que les croches soient egalles dans la mesure à trois
tems, marqué par, 3, ou, $\frac{3}{4}$, Il ecrit au dessus. Croches Egalles.
Les croches sont egalles dans les mesures composées marquées par $\frac{6}{8}$, $\frac{9}{8}$ et $\frac{12}{8}$, par-ce-
qu'elles derivent de la mesure simple, $\frac{3}{8}$, ou les croches sont egalles.
Les croches sont inegalles dans les mesures composées $\frac{6}{4}$, $\frac{9}{4}$ et $\frac{12}{8}$, par-ce-qu'elles derivent
de la mesure simple designée par 3, ou $\frac{3}{4}$, ou les croches sont inegalles.
En quelque mesure que ce puisse être, les nottes dont il en faut quatre pour remplir
un tems, sont toujours inegalles.

Entonnez le, Ut, qui commence la leçon qui suit, au même ton que le dernier, Re, de la leçon precedente.

La Demi-pose vaut toujours une Blanche ; c'est pourquoy elle ne vaut qu'un tems dans la mesure de, $\frac{3}{2}$, qui precede.

Mode mineur transposé sur le, mi.

Mode Majeur transposé sur le degré du Sol.

Le tiers de, 6, est 2. Battez la mesure à deux tems et employez la valeur de trois noires en chaque tems. Croches inégales.

Entonnez le ré qui suit au même ton, c'est à dire à l'unisson, de l'ut precedent.

Mode Mineur transposé sur le Sol.

A deux tems vitte. La valeur de trois croches pour chaque tems. Croches egales.

Mode Mineur du second ordre, en son degré naturel.

Le tiers de, 9, est 3. Battez cette mesure à trois tems ; c'est la valeur de trois Noires dans chaque tems ; Les Croches y sont inegales. Pause

Mode Majeur, transposé sur le La.

A trois tems vittes. La valeur de trois Croches pour chaque tems. Croches egalles.

Tournez le feüillet, de la main gauche, afin de laisser à la main droitte la liberté de battre la mesure.

Mode mineur, transposé sur le Si.
Le tiers de 12, est 4. Battez la mesure à quatre tems legers et employez.
La valeur de trois noires pour chaque tems.
Croches inégalles.
L'ut qui suit est au même ton que le La precedent.
Si la 12/4
1. 2. 3. 4. 1. 2. 3. 4.
la
Mode Majeur transposé sur le degré Si.
A quatre tems vittes. La valeur de trois Croches pour chaque tems.
Croches egalles.
Ut 12/8
1. 2. 3. 4. 1. 2. 3. 4.
Mode mineur, transposé sur le mi Bemolé, sçavoir, un demi ton plus haut
que son degré naturel.
Lentement. Port de voix. Coulé. Tenüe.
Mi Re
Cadence soutenüe et battüe.
Sol sol...fa fa
la si si...la
si mi.....re re
Mode mineur transposé sur le Si Bemolé.
Lent
re.... mi.....
fa sol
Si Re 3/2
la si si...... la
fa mi....

Leçon sur touttes les sortes de mesure.

36. Il n'y a point de sorte de Musique plus propre à former le gout et à faire sentir les differents mouvements, que les airs à danser. On en trouvera cy apres de plusieurs caracteres.

Les deux barres pointéés, :||:, qui se rencontrent au milieu d'un air, marquent qu'il en faut chanter deux fois la premiere partie et deux fois la seconde.

Lors-qu'il ne se rencontre des points que devant, :||, ou qu'apres les 2 barres, ||:, il ne faut repeter de l'air, que la partie qui est du côté des points.

Le Signe de renvoy, ⎰, .⎰, ou ⨯., joint à un Guidon, marque l'endroit ou il faut retourner.

l'Accolade, ⎕, ou, ⎵, ou, ⌒, ou, ⌣, marque qu'il faut passer les nottes qu'elle embrasse, quand on a repeté la partie de l'air qui la precede; c'est à dire qu'il faut passer de la notte ou elle commence à la notte ou elle finit. C'est ce qu'on verra dans les airs suivants.

AIRS DE DANSE.

Entrée de Ballet à deux tems graves.

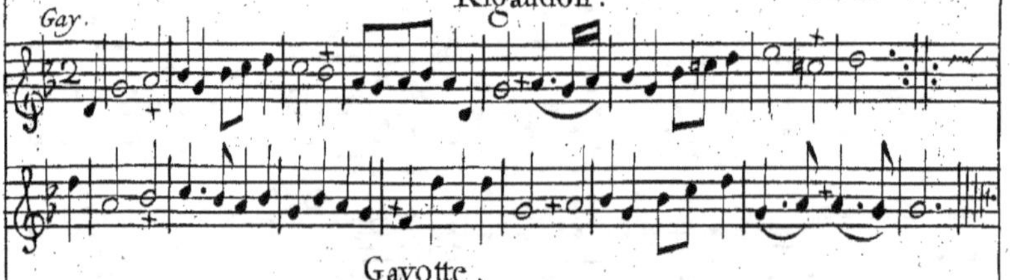

Bourée.
Legerement.
Marche en Rondeau. Trompettes et Musettes.
Gay
Fin
Tous
Musette seulle.
Tous.
Musette.
Tous
Gaillarde.
Tous
Gay
Pastourelle de Jephté. Violons, Haubois et Musettes.
Tous.
Fin
Musette seulles
Tous

38.
Pavane.
Modéré.
Branle.
Gay.
Petitte reprise, ou Refrain.
Grande reprise.
Accolade
Fin
allez à la grande reprise.
retournez au Refrain.
Air vilageois.
Vitte. Croches egalles.
Tambourin de Jephté.
Vitte.
Courente à la manière Françoise.
Grave.

Paſſacaille.

Chacone.

Gay. 2.e tems.
La Chacone, commence toujours au 2.e tems de la mesure.
Croches egalles
Sarabande legere. Mouvement de Chacone.
Gay
2.e tems.
ut
Prenez le Re qui suit, au même ton que l'ut precedent
Passepied.
Vitte   Croches.   egalles.
en levant
Egalles

Canarie.
Vitte.
Air Infernal.
Gravem.t et majestueusem.t
Commencez en levant.
Accolade.
Grande reprise.
Petite reprise avant que de finir.
Grande reprise.
petite reprise.
Fin.
Vents.
Tres vitte.
Commencez à l'extremité du levé.
Fin.

Loure.

Grave.
Leger.
Gigue.
Air. Trompettes et Haubois.
Gay
Tous
Haubois.
Fin.
Tous
Haubois.
Cors de chasse.
Tous
La Gigue est nottée plus regulierement par, 6/8, que par, 6/4.

Canarie.

La Mesure de, 6/8, convient mieux au Canarie et au passe-pié, que celle de, 3/8, à cause
de la vitesse du mouvement que ces deux airs demandent.
En levant.
On n'a point jusqu'à present, composé de danse sur les mesures 9/4 et 9/8.
Lent.
au 2.e et 3.e
tems.
Leger. On peut aussy chanter l'air suivant d'un mouvement lent et tendre.
à 2 tems.
1. 2. 3. 2.e tems 3.e 4.e
Commencez sur la 3.e
partie du p.r tems.
Fin.
Gay 1.. 2.. 3.. 4..
Napolitaine.
au com=
mencement
Le Ton est composé de deux Semi-tons : majeur et mineur.
Le Semi-ton majeur se rencontre entre deux degrez conjoints.
Exemple.
en montant | en decendant
mi fa | fa mi
Semi-ton majeur | Semi-ton majeur.
si ut | ut si | la b si | b si la
ut | ut

Exemple

L'octave, par le moyen des Diezes et des B-mols, se divise en douze Demi-tons,
Sçavoir, Sept demi-tons majeurs et cinq Demi-tons mineurs.

Exemple
Division de l'octave par le moyen des Diezes.

Division de l'octave par le moyen des B-mols.

L'orgue, le Clavecin, la Viole, le Theorbe, le Haubois, la Flûte, et generallement tous les
instruments qui ont des touches, ou des trous determinez, rendent tous les demi-
tons egaux, et sont parconsequent sujets à la fausseté.
Le La, par exemple, n'est pas tout à fait au même ton que le Si b-mollé, quoy que la
même touche aux instruments à corde, ou le même trou aux instruments à vent, serve
pour l'un et pour l'autre.   Le terme de, Ton, a plusieurs significations.
Il se prend pour la distance qu'il y a d'un degré à un autre degré conjoint, comme
de ut à re. Il signifie aussy l'espece du Mode; C'est en ce sens qu'on dit, le Ton ma-

jeur, le Ton mineur, au lieu de dire, le mode majeur, le mode mineur.

On dit les huit Tons de l'Eglise, au lieu de dire les huit modes du plainchant.

On se sert aussy du mot de, Ton, pour dire le dégré fondamental sur lequel la modulation est assise; C'est en ce sens que l'on dit qu'un Air est dans le Ton d'ut, de re, de mi, &c. majeur, ou mineur, pour faire entendre que cet Air est en ut, en re, en mi &c. Mode majeur, ou mineur.

Ton, signifie encore une certaine hauteur; On dit par exemple, que le Ton de cha=pelle est plus haut que le Ton de l'Opera.

Les Musiciens se plaignent quelque-fois que le Ton du Clavecin est trop haut, ou trop bas, par-ce-que leur voix est gênée à ce Ton.

On dit, quoy qu'improprement, qu'une voix a de beaux Tons, pour donner à entendre qu'elle a des sons gracieux; qu'il y a de beaux Tons dans une musique, pour faire entendre aussi qu'il y a de belles chordes où accords, et qu'une cloche a un beau Ton, au lieu de dire qu'une cloche a un son harmonieux.

Il ne suffit pas de sçavoir que la Modulation est assise sur un Ton ou Son deter-=miné qui luy sert de Fondement; il faut encore observer qu'elle roulle sur 3 autres sons qui lui sont essentiels; de sorte qu'il y a quatre sons principaux qui concor-=dent entre'eux, et qu'on apelle chordes, Sçavoir, 1.° La chorde Tonalle ou Fondamen=talle; 2.° La chorde Mediante qui est la tierce au dessus de la fondamentalle; 3.° La chorde Dominante qui est une tierce plus haut que la Mediante 4.° La chorde de Replique qui est l'Octave au dessus de la Tonale.

Chordes essentielles du Mode	Mode ou Ton Majeur			Mode ou Ton mineur du premier ordre.	Mode ou Ton mineur du deuxieme ordre.
	Replique.	ut	4... Octave.	re	la
	Dominante	sol	3... Quinte.	la	mi
	Mediante.	mi	2... Tierce.	fa	ut
	Tonalle. ou Fondamentalle.	Ut	1... Finale.	Re	La

Les chordes essentielles reviennent et se font entendre souvent dans le cours de la Modulation, c'est pourquoy avant que de chanter une piece de Musique, il faut

46. faire un petit Prelude pour disposer la voix, en rebattant souvent les chordes principalles, afin de s'en remplir l'oreille, et de se remettre en Ton lorsqu'on s'est egaré.

Pour bien faire ce prelude, il faut entonner la notte finalle ou plus haut ou plus bas, suivant le degré de hauteur quelle occupe. **Par exemple.**

Si cette finalle est poseé sur le bas des lignes, **A**, ou des espaces, **B**, il faut prendre son Ton dans le bas de la voix, par-ce-qu'il est sensé que le chant ne decendra guere plus bas et qu'au contraire il se promenera dans le haut.

Si la notte finalle se rencontre sur le medium des lignes, **C**, ou des espaces, **D**, il faut l'entonner dans le medium de la voix, par-ce-que le chant roulera infaillible- ment par dessous et par dessus cette notte. Si cette notte enfin, est poseé sur le haut des lignes, **E**, ou des espaces, **F**, il faut l'entonner de même dans le haut de la voix, par-ce-que le Chant ne poura plus monter que quelques degrez, au lieu qu'il decendra indubitablem.t beaucoup plus bas.

Preludes.

On a vû plusieurs fois qu'une personne reste tout court au milieu d'un air, par-ce-qu'elle a pris le Ton ou trop haut, ou trop bas.

Pour eviter cet inconvenient, il faut pour ainsi dire, tâter l'air à demi-voix, et remarquer si cet air regne plus dans le haut que dans le bas, ou au con- traire; afin de prendre le Ton en debutant, dans un degré de hauteur convenable

On verra par le Clavier suivant, que la Clé de, Fa ꝶ sert aux basses, que la Clé de, Ut ⊞ sert aux parties du milieu, et que la Clé de, Sol ⟜ sert pour les Dessus. Et enfin que ces trois Clés sont à cinq degrez les unes des autres.

Les cinq chiffres qui sont dans chaque colonne avant la Clé, designent les cinq lignes que chaque Clé ou voix occupe dans le Clavier general.

CLAVIER GENERAL.
De touttes les voix et de tous les instruments.

L'étendüe naturelle et ordinaire de touttes les voix en general, contient 23 degrez. Scavoir, depuis le Fa d'en bas, ★, jusques au Sol d'en haut, ¶.
L'étendüe ordinaire de tous les instruments en genl contient les 4 octaves du Clavier.

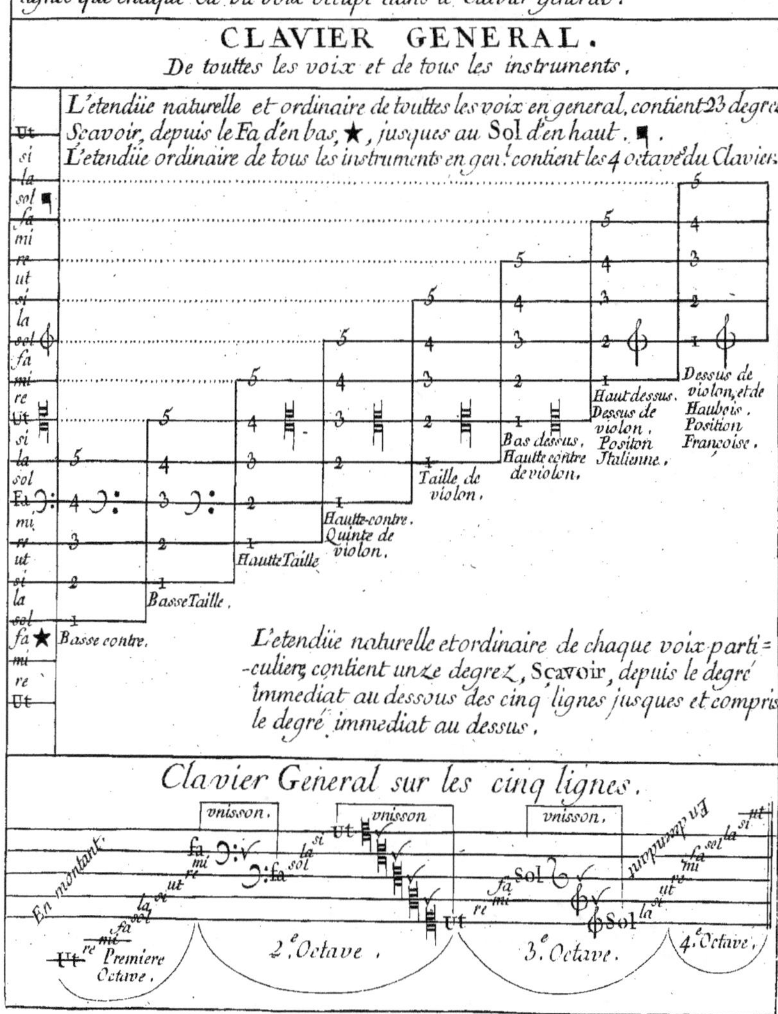

L'étendüe naturelle et ordinaire de chaque voix parti=culier, contient unze degrez, Scavoir, depuis le degré immediat au dessous des cinq lignes jusques et compris le degré immediat au dessus.

Clavier General sur les cinq lignes.

Leçons.

Pour s'exercer sur les changements de Clé.

Tous les guidons, ✓, marquent le même Ton par differentes Clés. C'est ce qu'on poura remarquer par le Clavier qui precede.

Leçons à deux voix.

Pour l'exactitude de la mesure, pour apprendre à chanter en partie, pour rendre l'oreille sensible à l'harmonie, et pour former la voix dans une grande etendüe.

Premiere Leçon à deux Dessus.

2ᵉ Leçon

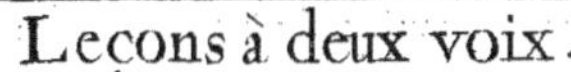

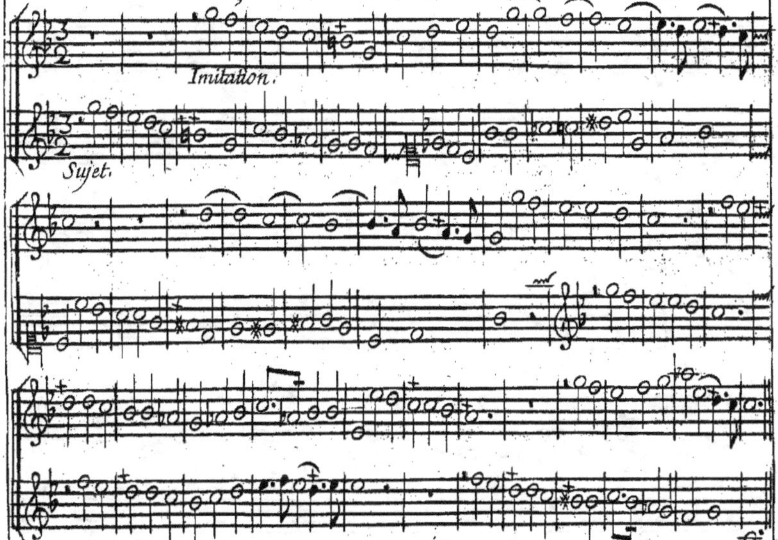

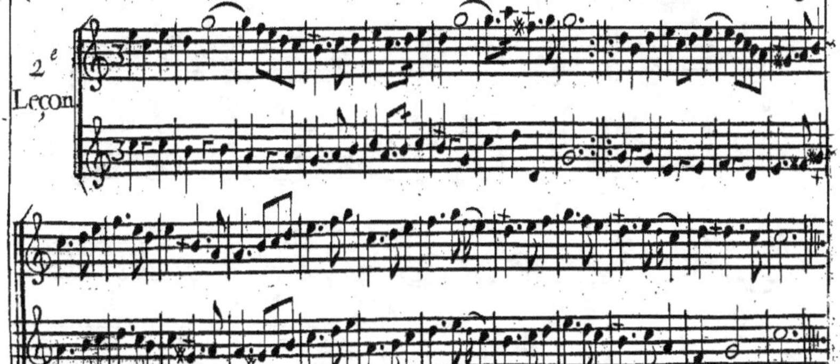

3.ᵉ Lecon
Adagio.
Gavotte à l'Italienne.
4.ᵉ Lecon
Presto
Croches egales.
5.ᵉ Lecon
Lent.

Suitte de la 5.e leçon.
sol fa mi
fa ni re ut si

52.
fa
ut
6.e
Leçon Gay.
si

Allemande.
7e Lecon
Huittieme Lecon.
Allegro
Courente à l'Italienne.
Croches egales.
fin.
fin.
Reprise.

fin.
fin.
à deux tems. Croches egales.
9.e
Leçon
Lent.

10e
Leçon.
Legerement

Tendrement
II.
Leçon. Lent

En Canon.
12ᵉ Lecon.
5. Reprise.
5. Reprise.
Fin.
Fin.
5. Reprise.
Croches egales.
Les ha=
=rangeres
13ᵉ Lecon.
Querelle.

Batterie.
Lent.
Pleurs.
Lent.

14.
Leçon.
Lentement.
15e
Leçon
Legerement.

Tristement.
16.e
Leçon.

17.
Lecon.

18.
Leçon.
Lent.

64.

Legerement.
19.e
Leçon
Affectueusement.
20.e
Leçon
1.. 2.. 3.. 4..
Lent.
1.. 2.. 3.. 4..

Legerement.
21.e
Leçon

Apres avoir chanté la premiere partie de touttes ces Leçons, il faut chanter la
seconde Partie: Apres quoy il seroit bon de recommencer à les chanter sans
nommer les nottes, en se servant seulement des articulations, ta, ta, ta,
ou, la, la, la, Cet exercice facilliteroit en quelque sorte, l'application
de la parolle à la notte.

FIN de la 2.e Partie.

TROISIEME PARTIE.

Sur la maniere de joindre la parole à la notte et sur les agrémens du Chant.

Pour apprendre à bien appliquer les parolles aux nottes, il faut dans les commencements, choisir une Musique simple et facile.

Lorsqu'on a solfié quelques nottes, il faut se souvenir de leur nom et de leur intonation en y joignant les parolles qui sont écrites au dessous. Par exemple.

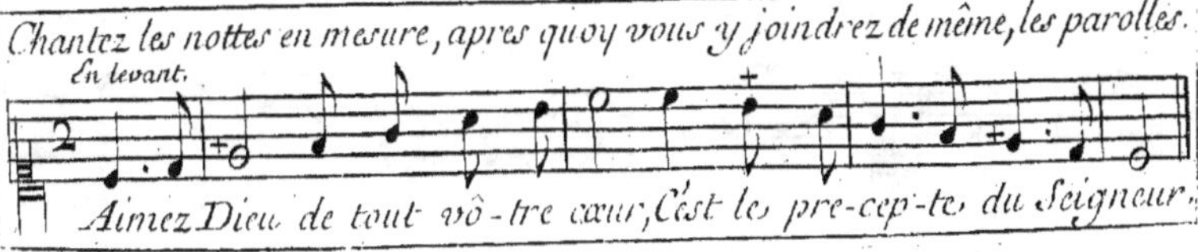

Pour appliquer aux nottes les deux vers precedents, solfiez d'abord en montant les trois premieres nottes ut, re, mi. A, appliquez à leur intonation les trois premieres sillabes Ai-mez Dieu.

Entonnez ensuite les cinq autres nottes en montant, fa, sol, la, si, ut, B, ausquelles vous joindrez les cinq autres sillabes, de tout votre cœur.

Chantez ensuitte et en descendant les cinq nottes, ut, si, la, sol, fa, C, appliquez à leur intonation les cinq premieres sillabes du second vers, C'est le pre-cep-te, achevez les trois nottes qui restent, mi, re, ut, D, et sur le même chant prononcez les trois dernieres sillabes, du Seigneur.

A mesure qu'on devient plus sçavant, on solfie un plus grand nombre de nottes, ausquelles on joint un plus grand nombre de sillabes.

Solfiez en montant, touttes les nottes de suitte de l'exemple precedent, A, B, et joignez le premier vers à leur intonation; faittes en de même en descendant, C, D, et appliquez y le deuxieme vers.

Chantez les nottes en mesure, apres quoy vous y joindrez de même, les parolles.

Lors-que plusieurs nottes sont attachées ou liées ensemble, la Sillabe qui se trouve sur la premiere de ces nottes, continüe et se traine sur touttes les autres.

Pour faciliter l'application de la parolle à la notte, il seroit bon dans les commencements de choisir quelques mots composez d'un petit nombre de Sillabes. Le mot, Amen, me paroit le plus propre de tous, en ce que n'ayant que deux Sillabes, la memoire n'est pas fatiguée à les retenir, au lieu qu'en se servant de mots plus longs ou de phrases entieres, on oublie souvent les nottes en s'attachant aux parolles, ou les parolles en s'attachant aux nottes.

On ne trouve pas toûjours des liaisons à touttes les nottes qui sont en differents degrez, et qui doivent passer sur une même Sillabe, A; mais on en trouve presque toûjours sur touttes celles qui sont sur un même degré, et qui doivent se continüer sur une meme Sillabe B. quoy qu'il en soit, il ne faut prononcer les Sillabes que sous les nottes ou elles sont ecrittes, C.

On ne devroit se servir du $\mathbb{C}$, que dans un mouvement semblable à ce=
luy de la leçon precedente, ou les croches doivent estre egales, ou dans le
contrepoint que les Italiens nomment, à Capella.

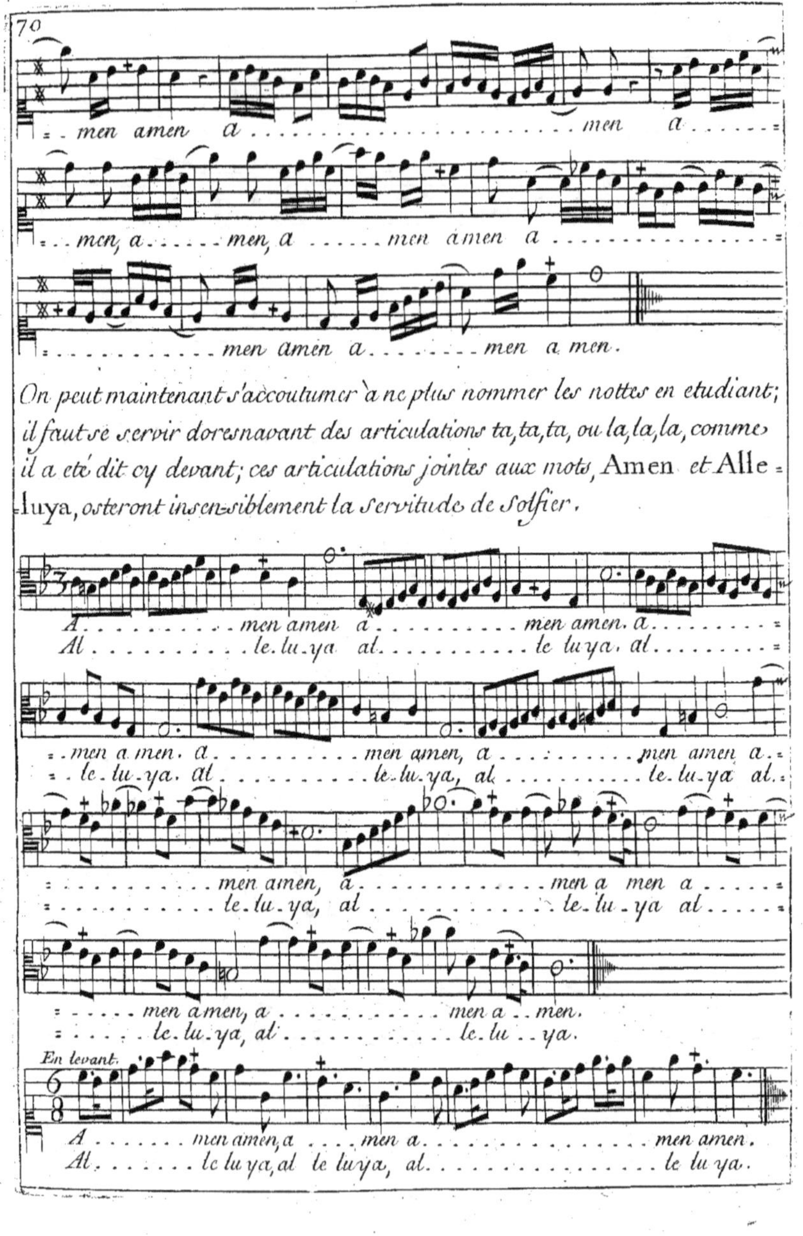

On peut maintenant s'accoutumer à ne plus nommer les nottes en étudiant; il faut se servir doresnavant des articulations ta, ta, ta, ou la, la, la, comme il a été dit cy devant; ces articulations jointes aux mots, Amen et Alleluya, osteront insensiblement la servitude de Solfier.

On peut S'exercer à present, sur toutes sortes de Musiques Latines

Musique latine.

Motet à deux Dessus.

et re.fu.gium me.um, et li.be.rator, et li.be.ra ... tor, li.be.ra.
tor me..us. Di.ligam te Do.mi.ne for.ti.tu..do me...a, Di.li.gam
te Do..mi.ne for.ti.tu.do me...a. Deus meus, adjutor meus,
et Spe.ra .... bo in e....um. Pro.tec.tor meus et
cornu Salutis meæ et suscep..,tor me...us. Di.ligam.
comme cy dessus.
Gay.
Fin.
Laudans laudans in vo.ca.bo Dominum, Laudans, laudans invocabo Dominum.
1.er Dessus.
et ab J.ni.micis meis Sal .... vus e..ro. Laudans, lau=
2.e Dessus
et ab J.ni.micis meis Sal .... vus e...ro Laudans, lau..=
2.e Dessus.
Lent et marqué.
Circumde.derunt me do.lo....res do.lo.res mor..tis, et torren.ta
et torrentes iniquitatis conturbaverunt me. Do.lores Do.lo...res me..

-tis conturbaverunt me dolores mortis, et torrentes et torrentes.   i.ni.qui=
-tatis conturbaverunt me, conturbaverunt me. Laudans lau=   au commencem.t
Motet à deux Voix, pour la reception d'une Abesse qui se nomme
Marie, et qui est propre pour les festes de la S.te Vierge.
Pr. Dessus.   Carillon.
Gay.
2
In cho.ris, In timpano, In chordis, In or.gano, Cantate,   Ju.bi.la.te,
Cantate, Jubi.late, Jubila . . . . te. Ju.bi.la.te.
2.e Dessus.
In choris In timpano, In chordis, In organo, Can.ta.te,   Ju.bi.la.te,
Cantate, Jubi.late, Jubi la . . . . te, Jubila . . =
=te, Cantate, Jubi.la.te, Jubila . . . . te, Jubi.la . . . . te.
Chœur.
In choris, In timpano, In chordis, In organo, Cantemus, Jubilemus, Jubile . . =
In choris, In timpano, In chordis, In organo,   Cantemus, Jubilemus, Jubi =

mus, Ju.bi.le..mus, Cantemus, Jubilemus,   Jubi=
le........mus, Ju.bi..le..mus, Cantemus, Jubi.lemus, Jubile........=
le........mus, Ju.bi..le...mus.
........mus, Ju.bi...le...mus. Festum novum re.co.limus, Res.pon=
Chœur.
In choris, In timpano, In chordis, In or.ga.no.   Can=
dete cum psal.li.mus Cantemus, Jubilemus, Exulte.................mus
.temus, Ju.bi.lemus, Jubi.le.................mus, Ju.bi..le...mus.
Cantemus, Ju.bi.lemus, Jubile.............mus, Ju.bi...le..mus.
P.r Dessus.
Dum Ma.ri.a progre.di.tur, Flos no.vus no.bis nas.ci.tur, Dum Ma=
.ri.a progre.di.tur, Flos.........no.vus, Flos, novus nobis nas.ci.tur.

Tous. Ô decus hor.torum, Ô Regi...na florum, Albescis Sicut lilium, In medio
Tous. Ô decus hortorum, Ô Regi...na florum, Albescis Sicut li.lium, In medio
convallium. Ô decus hortorum, Ô Regi...na florum, Albescis Sicut lilium, In
convallium. Ô decus hortorum, Ô Regi..na florum, Albescis Sicut lilium, In
P.r Dessus.
Gay
medio convallium. Triumphet decus hortorum, Tri=
2e Dessus.
medio convallium. Triumphet Regi...na florum,
um . . . . phet decus hor.torum, Triumphet, Tri=
Trium . . . . phet decus hortorum, Trium . . . . =
um . . . . . . phet, Re.gi.na flo...rum. Trium . . . . =
. . .phet Triumphet Re.gi.na flo_rum. Triumphet decus hortorum,

phet Trium . . . . . phet, Triumphet, Triumphet, Triumphet Regi . na
Trium . . . . phet Triumphet, Triumphet, Triumphet Regi . . na
Tous.
flo . . . rum. Cantemus, Jubilemus, Exulte . . . . mus Cantemus
Tous.
flo . . . rum. In choris, in timpano, In chordis, in organo, Can =
Jubilemus Jubile . . . . . mus, Exul. te . . . . mus. In cho .
. temus, Jubilemus, Ju. bi. lemus, Exul. te . . . . mus. Cantemus, Can =
. ris, in timpano, In chordis, in organo, Can. te. mus, Ju. bile . =
. temus, Jubilemus, Exulte . . . . mus Can te mus
= mus, Exul te . . . . mus. Cantemus,
Ju. bi. te. mus, Can te mus, Jubile . . . . mus, Ju. bi =

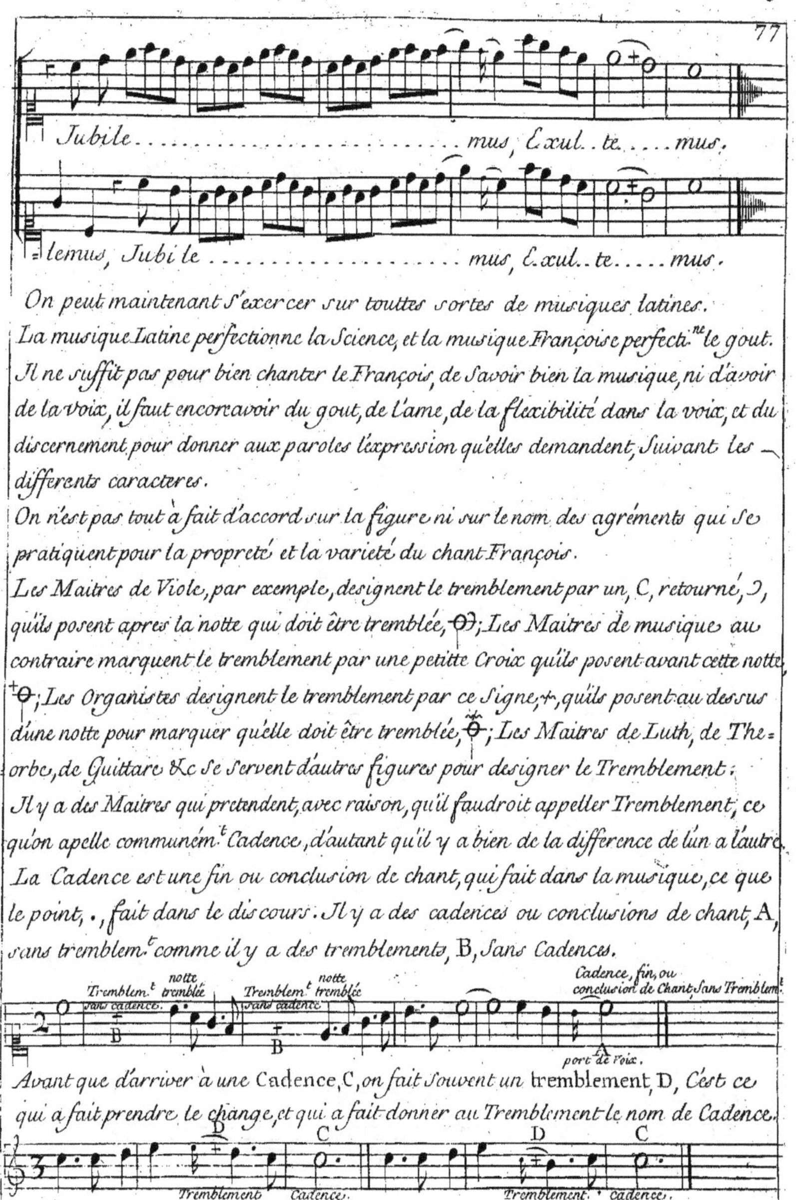

On peut maintenant s'exercer sur touttes sortes de musiques latines.

La musique Latine perfectionne la Science, et la musique Françoise perfecti.ne le gout.

Il ne suffit pas pour bien chanter le François, de savoir bien la musique, ni d'avoir de la voix, il faut encore avoir du gout, de l'ame, de la flexibilité dans la voix, et du discernement pour donner aux paroles l'expression qu'elles demandent, suivant les différents caracteres.

On n'est pas tout à fait d'accord sur la figure ni sur le nom des agréments qui se pratiquent pour la propreté et la varieté du chant François.

Les Maitres de Viole, par exemple, designent le tremblement par un, C, retourné, Ɔ, qu'ils posent apres la notte qui doit être tremblée, ; Les Maitres de musique au contraire marquent le tremblement par une petite Croix qu'ils posent avant cette notte, ; Les Organistes designent le tremblement par ce Signe, +, qu'ils posent au dessus d'une notte pour marquer qu'elle doit être tremblée, ; Les Maitres de Luth, de Theorbe, de Guittare &c se servent d'autres figures pour designer le Tremblement:

Il y a des Maitres qui pretendent, avec raison, qu'il faudroit appeller Tremblement, ce qu'on apelle commun ém.t Cadence, d'autant qu'il y a bien de la différence de l'un à l'autre.

La Cadence est une fin ou conclusion de chant, qui fait dans la musique, ce que le point, ., fait dans le discours. Il y a des cadences ou conclusions de chant, A, sans tremblem.t comme il y a des tremblements, B, sans Cadences.

Avant que d'arriver à une Cadence, C, on fait souvent un tremblement, D, C'est ce qui a fait prendre le change, et qui a fait donner au Tremblement le nom de Cadence.

Le *Flatté*, est ainsi nommé par les Maîtres de Viole; les joüeurs de Viólons l'apellent tremblem.ᵗ mineur, il y a des Maîtres à Chanter qui l'apellent Battem.ᵗ il en est presque de même de tous les autres agréments ausquels on donne differentes figures et differents noms, d'ou il s'ensuit que les Maîtres mêmes ne s'entendent pas les uns les autres, et que tel Ecolier qui a appris d'un Maître, n'entend pas le langage, et ne connoit pas la maniere de notter d'un autre.

La musique étant la même pour les Voix comme pour les instruments, on devroit se servir des mêmes noms, et convenir unanimem.ᵗ des figures les plus propres à representer les agréments du chant. Je vais suivre sur cela l'usage et le sentiment de bons Maîtres que j'ay consultés, particulierem.ᵗ M.ʳ Grenet, à la reserve que j'apelleray tremblem.ᵗ ce qu'on apelle communem.ᵗ Cadence. Il est presqu'impossible d'enseigner par ecrit, la maniere de bien former ces agréments, puisque la vive voix d'un Maître experimenté, est à peine suffisante pour cela; cependant, avant que de passer à la musique Françoise, je vais tâcher de l'expliquer le moins mal qu'il me sera possible.

Il y a Dixhuit agréments principaux dans le Chant. Sçavoir,
Le Coulé, Le Port de Voix, La Chûte, l'Accent, Le Tremblement, Le Pincé, Le Flatté, Le Balancement, Le Tour-de-Gosier, Le Passage, La Diminution, La Coulade, Le Trait, Le Son filé, Le Son enflé, Le Son diminué, le Son glissé, et le Sanglot.

Le Coulé.

Le Coulé est un agrément qui adoucit le chant et qui le rend onctueux par la liaison des Sons. Il se pratique en differentes occasions, particulierem.ᵗ lorsque le chant décend de tierce; Il n'y a point ordinairement de Signe qui le caracterise, c'est le gout qui decide des endroits ou il faut le faire:
Il y a cependant des Maîtres qui le designent par une petitte notte, A, qui se lie avec la notte forte sur laquelle il faut couler, B, dont elle prend le nom, ou par une simple Liaison, C.

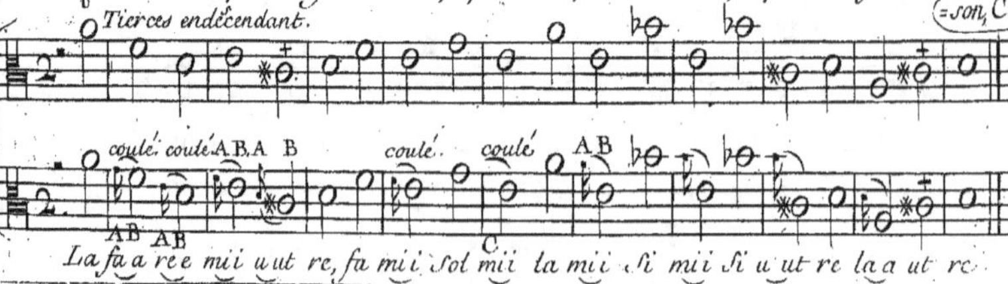

Lorsque les paroles expriment la colere, ou que le chant est d'un mouvement precipité, on ne coule pas les tierces en descendant.

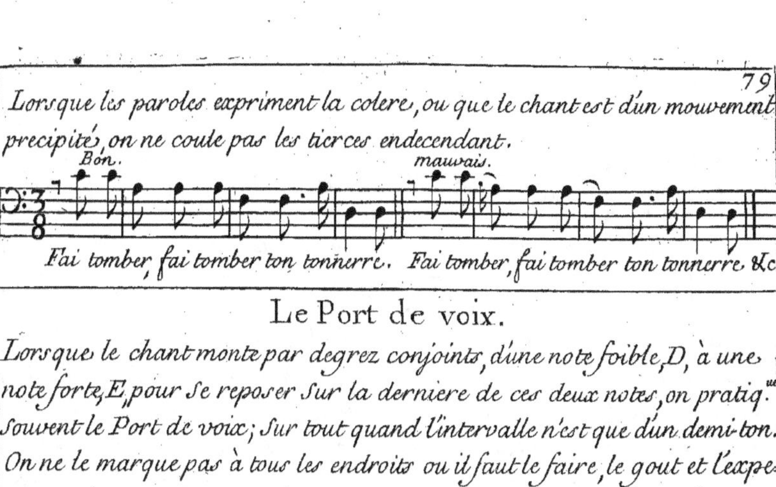

Le Port de voix.

Lorsque le chant monte par degrez conjoints, d'une note foible, D, à une note forte, E, pour se reposer sur la derniere de ces deux notes, on pratique souvent le Port de voix; sur tout quand l'intervalle n'est que d'un demi-ton. On ne le marque pas à tous les endroits ou il faut le faire, le gout et l'experience donnent cette conoissance.

Le Port de voix se marque quelquefois, par une petite note postiche, F, qui luy sert de preparation et qui prend le nom de la note forte, G, à laquelle elle se lie, et sur laquelle il faut elever la voix. On le marque aussi par ce Signe, V, H. Le Port de Voix, I, est le renversement du coulé K. Je croy que ce Signe, ∕, seroit plus convenable que le Signe, V, pour marquer le Port de voix.

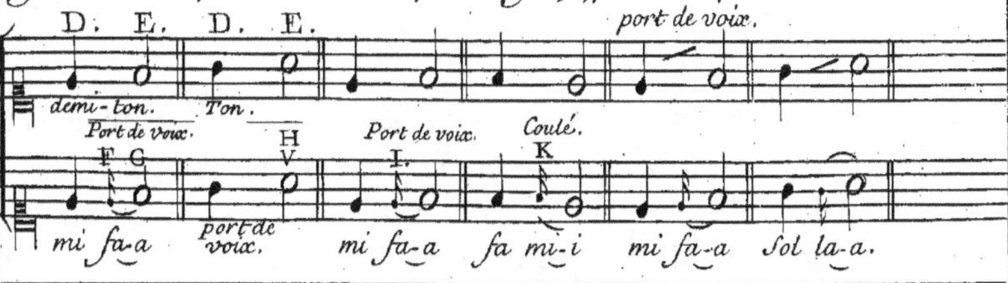

La Chûte.

La Chûte est une inflexion de la voix qui apres avoir appuyé un son pendant quelque tems, L, tombe doucement et comme en mourant sur un degré plus bas M, sans s'y arrêter. Cet agrément se marque par une petite note N.

La Chûte, donne un grand agrément aux chants pathetiques.

Accent.

L'Accent est une aspiration ou elevation douloureuse de la voix, qui se pratique plus souvent dans les airs plaintifs que dans les airs tendres; il ne se fait jamais dans les airs gays, ni dans ceux qui expriment la Colere.

Il se forme dans la poitrine par une espece de sanglot, à l'extremité d'une note de longue durée, ou forte, O, en faisant un peu sentir le degré immediattem^t au dessus de la note accentuée, P.

L'Accent se marque quelquefois, par une petite note, ou par ce signe, ',

Tremblement.

De tous les agréments qui se pratiquent dans le chant, le Tremblement que les Italiens appellent, Trillo, et que les françois appellent, par cor = ruption, Cadence, tient le premier rang, en ce qu'il est le plus brillant et qu'il se rencontre plus souvent que les autres; c'est pourquoy l'on ne sçau= roit trop s'appliquer à le bien former, d'autant plus que ceux qui l'executent mal ne peuvent jamais chanter d'une maniere qui soit agreable.

Le Tremblement se forme par le concours de deux sons ou degrez con= joints que le Gosier fait entendre successivement comme une espece de ramage, par des coups ou battements flexibles, legers, distingts et enchai= nés les uns aux autres. Plusieurs coulés de suitte, forment en quelques façons, le Tremblement.

Le Tremblement parfait se forme dans le bas du Gosier, sans que la poitrine fasse aucun hélan et sans que les coulés ou battements soient

Secoüez par l'Aspiration ni par le Chevrottement.

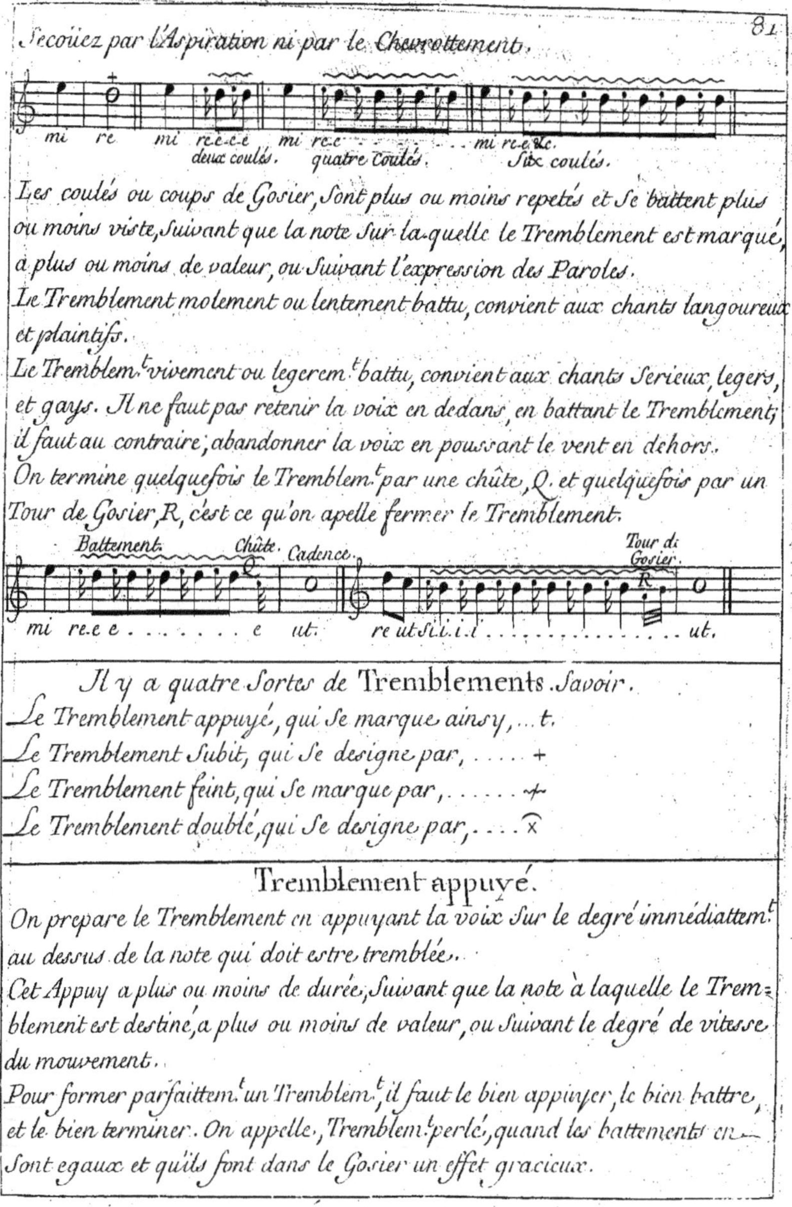

Les coulés ou coups de Gosier, Sont plus ou moins repetés et Se battent plus ou moins viste, Suivant que la note Sur la quelle le Tremblement est marqué, a plus ou moins de valeur, ou Suivant l'expression des Paroles.

Le Tremblement molement ou lentement battu, convient aux chants langoureux et plaintifs.

Le Tremblem.t vivement ou legerem.t battu, convient aux chants Serieux, legers, et gays. Il ne faut pas retenir la voix en dedans, en battant le Tremblement; il faut au contraire, abandonner la voix en poussant le vent en dehors.

On termine quelquefois le Tremblem.t par une chûte, Q. et quelquefois par un Tour de Gosier, R, c'est ce qu'on apelle fermer le Tremblement.

Il y a quatre Sortes de Tremblements. Savoir.

Le Tremblement appuyé, qui Se marque ainsy, . . . t.

Le Tremblement Subit, qui Se designe par, ... +

Le Tremblement feint, qui Se marque par, ... +

Le Tremblement doublé, qui Se designe par, ... x

Tremblement appuyé.

On prepare le Tremblement en appuyant la voix Sur le degré immédiattem.t au dessus de la note qui doit estre tremblée.

Cet Appuy a plus ou moins de durée, Suivant que la note à laquelle le Tremblement est destiné, a plus ou moins de valeur, ou Suivant le degré de vitesse du mouvement.

Pour former parfaittem.t un Tremblem.t, il faut le bien appuyer, le bien battre, et le bien terminer. On appelle, Tremblem.t perlé, quand les battements en Sont egaux et qu'ils font dans le Gosier un effet gracieux.

L'Appuy du Tremblem.t se marque souvent par une note ou forte, A, ou foi=
ble, B. qui font l'une et l'autre le même effet.

Le Tremblem.t haut et le Tremblem.t bas, sont egalem.t desagreables.

Le Tremblem.t haut, est celuy dont les battements sont plus hauts que leurs lieux naturels.

Le Tremblement bas, est celuy dont les battem.ts fondent et décendent au dessous de la note tremblée.

Le Tremblement dont les battem.ts sont de Tierces, de Quarte &c. est vicieux.

Le Tremblem.t chevrotté se fait quelquefois de la poitrine et quelquefois du haut du Gosier; ses battements effacés et trop precipités font l'effet du beelement d'une Chevre: ce Tremblement n'est pas supportable.

Le Tremblement chevrotté, celuy qui se fait par l'ebranlem.t du menton, et celuy qui entre dans la teste, marquent une indisposition presqu'insurmontab.le

On peut battre plus legerement le Tremblem.t lors qu'il arrive pres de sa fin.

Pour apprendre à bien former le Tremblement, il faut dans les commencem.ts le bien appuyer et le battre lentement, et à mesure que le Gosier devient fle=
xible, on s'exerce à faire les battements de plus en plus legers.

Tremblement Subit.

Le Tremblement Subit se bat d'abord sans l'appuyer, il se pratique plus souvent dans le Recitatif que dans les Airs.

Tremblement Feint.

On appuye d'abord le Tremblement feint, comme si l'on avoit dessein de former un Tremblement parfait, mais au lieu de le battre longtems, on ne donne apres cet appuy, et à l'extremité de la note, qu'un petit coup de Gosier dont le battement est presqu'imperceptible.

Le Tremblement feint se pratique quand le sens des paroles n'est pas fini, ou quand le chant n'est pas encor arrivé à sa conclusion.

Apres avoir bien appuyé le Tremblement feint, la voix fait quelquefois en= tendre le degré immediattement au dessus de la note d'appuy. Ce degré sera marqué cy apres par une petite note, C,

Cette petite note doit se confondre de telle sorte avec le coup de Gosier qui termine le Tremblement feint, que ces deux sons n'en fassent entendre qu'un seul.

Il arrive quelquefois, qu'apres avoir appuyé le Trem- blement feint, on tremble un peu sur la note ou cet a- grément est marqué sans cependant terminer le Trem- blem.t C'est ce qu'on marquera par, +.

Tremblement Doublé.

On pouroit marquer le Tremblement doublé par le Signe Suivant, t.
Le Tremblem.t doublé, qu'on apelle communem.t Double cadence, contient
trois degrés conjoints qui Seront marqués cy apres par trois petites notes,
Sçavoir. Le degré Superieur, D, qui Se mesle avec la note tremblée, E, apres
quoy, la voix tombe legerement Sur un autre degré plus bas, F, et remonte
en Suitte promptem.t et par un tour de gosier, Sur la note du tremblem.t G,
pour aller Se reposer Sur une note forte, H, &c:

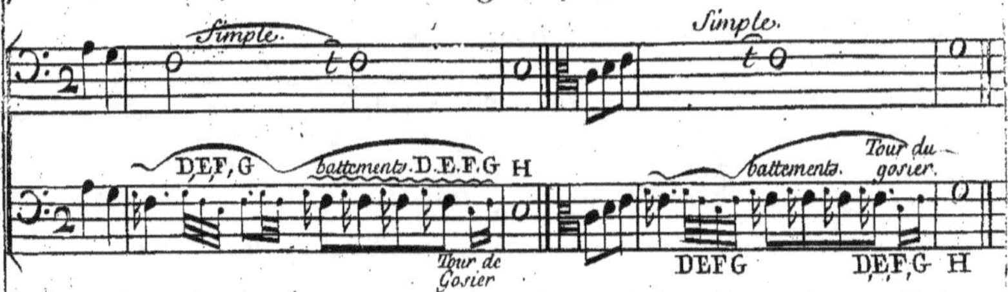

Le Tremblem.t doublé Se rencontre Souvent dans les Airs tendres ou il Se
trouve beaucoup de passages qui Sont marqués par de petites notes, comme
on peut le voir dans les doubles de Lambert, de Dambruis et d'autres Au =
teurs anciens.

Le Pincé.

Le Pincé n'a aucun caractere qui le designe; Il Se fait Souvent en arrivant
Sur une note forte par un battement leger du gosier.
Pour le bien former, il faut d'abord porter la voix Sur le degré de la note forte,
I, ensuitte il faut décendre au degré prochain, K, apres quoy la voix remonte
promptem.t Sur la note forte, L, pour S'y reposer: c'est ce que l'on compren=
dra mieux par de petites notes postiches.

Le Port de voix est toujours ac =
compagné de Pincé.

Le Flaté.

Le flaté est une espece de balancement que la voix fait par plusieurs petittes aspirations douces, Sur une note de longue durée, ou Sur une note de repos, Sans en hausser ni baisser le Son. Cet agrément produit le même effet que la vibration d'une corde tendüe qu'on ebranle avec le doigt, Il n'a eu jusqu'à present aucun caractère pour le designer; on pouroit le marquer par une ligne ondoyée, ⁓

Si l'on pratiquoit le flaté Sur touttes les notes fortes, il deviendroit insuportable, en ce qu'il rendroit le chant tremblant et qu'il le rendroit trop uniforme.

Balancement.

Le Balancement, que les Italiens appellent, *Tremolo*, produit l'effet du tremblant de l'Orgue.

Pour le bien executer, il faut que la voix fasse plusieurs petittes aspirations plus marquées et plus lentes que celles du Flaté.

La Sillabe qui Se rencontre Sur la premiere des notes balancées Sert pour touttes les autres notes que ce Signe, ⁓ embrasse.

Tour de Gosier.

Le Tour de Gosier Se marque par ce Signe, ∿ ; les cinq notes qui Servent à le former, Se font d'une Seule haleine, et ne parcourent que trois degrés conjoints.

Pour le bien former on appuye la voix Sur la note forte ou le Signe, ∿, est marqué, M, on monte ensuitte Sur le degré immediattem.ᵗ au dessus, N, on décend

ensuitte sur le meme degré de la note forte, O, apresquoy on descend sur le de=
gré prochain, au dessous de la note d'appuy, P, et pour le terminer on remonte
à la note d'appuy, Q, pour s'y reposer.

Apres avoir demeuré sur la note d'appuy, il faut que le Gosier fasse son
tour, en passant legerement de cette premiere note à la cinquieme et en faisant
une espece de tremblement tres subit sur la seconde petitte note, O, Cet agrém.t
forme dans le Gosier un ramage difficile à executer, et encor plus difficile à ex=
pliquer. Le tour de Gosier est une espece de Tremblement feint.

Passage.

Le Passage se fait de plusieurs manieres differentes, comme on le verra cy
dessous, et encor mieux dans les airs que les Anciens appelloient, Doubles.

Il se marque par de petittes notes postiches qui servent à guider la voix
sur tous les degrés qu'elles parcourent.

Les Passages sont arbitraires, chacun peut en faire plus ou moins, suivant son
gout et sa disposition. Ils se pratiquent moins dans la Musique vocale que
dans l'instrumentale, sur tout à present que les joüeurs d'instruments, pour imi=
ter le gout des Italiens, defigurent la noblesse des chants simples, par des varia=
tions souvent ridicules.

L'incomparable Lulli, ce genie superieur dont les ouvrages seront toujours
estimés des vrais connoisseurs, a preferé la melodie, la belle modulation, l'agré=
able harmonie, la justesse de l'expression, le naturel et enfin la noble simplicité,
au ridicule des Doubles et des musiques heteroclites dont le merite pretendu

ne consiste qüe dans les `ecarts, dans les modulations detournées, dans la dureté
des accords, dans le fracas, et dans la confusion. Tous ces faux brillants decellent
la Seicheresse du genie de l'autheur, et cependant ils ne laissent pas d'en imposer
aux oreilles ignorantes.

Diminution.

La Diminution n'est pas arbitraire, en ce que les notes qui la composent sont doublées ou quatruplées et qu'elles conservent leur valeur intrinseque dans la mesure.

Coulade.

La Coulade Se marque par plusieurs petittes notes postiches qui Se Suivent
par degrez conjoints en montant ou en decendant, et qui peuvent Se faire ou Se
passer Sans que la Suitte, la liaison, ni la beauté du chant en Soient interrompües.

Trait.

La difference qu'il y a entre le Trait et la Coulade, ne consiste qu'en ce que toutes les notes S'articulent dans le Trait, A, et qu'elles Se coulent dans la Coulade, B,
Le Trait demande un coup d'archet, ou un coup de langue aux jntruments à
vent, pour chaque note, et la Coulade fait passer touttes ces notes d'un Seul coup
d'archet, d'un Seul coup de langue, ou Sur une même Sillabe.

Son Filé.

Le Son Filé S'execute Sur une note de longue durée, en continuant la voix Sans qu'elle vacille aucunement. La voix doit être, pour ainsy dire, unie comme une glace, pendant toutte la durée de la note.

Son enflé et Diminué.

Pour bien enfler un Son, il faut qu'il parte d'abord de la poitrine, et qu'il commence à demi-quart de voix: on le file, et on le fortifie peu à peu en poussant et en etendant la voix, jusqu'a ce qu'elle Soit arrivée à Sa plus grande plenitude. Il faut eviter de commencer l'enflem.t du Son par la voix de teste ou fausset, par ce qu'on ne pouroit passer de cette voix à la voix pleine Sans qu'il paroisse une Section ou Separation.

Il n'y a aucun caractere qui designe le Son enflé et le Son diminué, C'est ce qui obligea M.r de Planes, Italien, à me demander comment il pouroit faire pour marquer cet agrément dans quelques endroits de Ses Sonates. Je luy conseillay de Se Servir d'une ligne qui grossiroit à mesure qu'elle S'étendroit pour le Son enflé, et qui diminuroit au contraire pour le Son diminué;

Il S'est Servy avec Succés, de cette innovation, et comme elle vient de moy je m'en Serviray cy dessous.

Son Glissé.

Il est difficille de faire concevoir par écrit, ce que c'est que le Son, que j'ay Surnommé Glissé, et presqu'aussy difficile de le bien former de vive voix.

Je vais me Servir d'une comparaison, pour tacher de me faire entendre.

Pour faire un pas en avant ou en arriere, on leve un pied pour le porter à l'endroit ou il doit estre posé.

Pour entonner un jntervalle conjoint, on porte Sensiblem.t la voix Sur le Second terme de l'intervalle.

On peut aussy faire un pas jusqu'a Son terme en glissant le pié Sans le lever de Terre, comme on le fait dans la danse. Le Son Glissé fait en quelque façon le même effet puisque la voix doit monter ou decendre Sans interruption, en glissant d'un degré à un autre prochain, et en passant doucement par touttes les parties presqu'indivisibles que le demi-ton ou le ton contient, Sans que ce passage fasse Sentir aucunes Sections.

Les joüeurs de Viole, par Exemple, au lieu de porter le doigt Sur une touche prochaine à celle ou ils ont un doigt deja posé, glissent doucement le doigt le long de la corde d'une touche à l'autre, pour former cet agrément.

Exemples tirés de ma Cantate de Pan et Sirinx, et de l'air, Terminez mes tourments, de l'opera d'Iris.

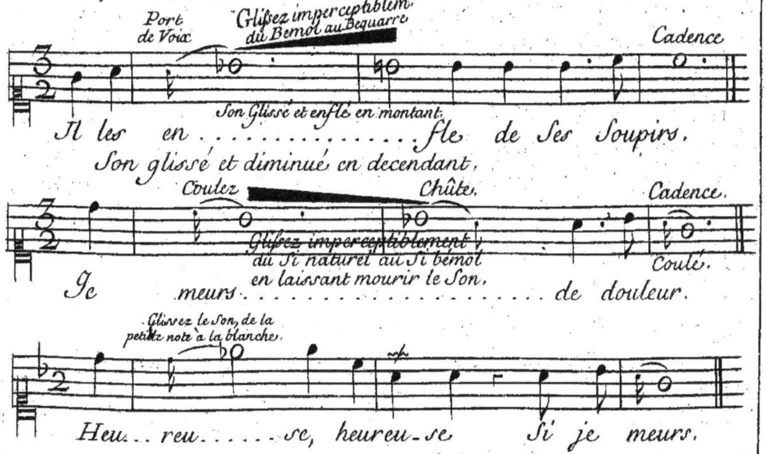

Sanglot.

Il Sembleroit par le terme de Sanglot, que cet agrément ne devroit Ser=vir que dans les gemissements; cependant, on S'en Sert pour exprimer plu=sieurs passions opposées les unes aux autres.

Le Sanglot est un entousiasme qui prend Son origine dans le fond de la poitrine, et qui Se forme par une aspiration violente qui ne fait entendre au dehors qu'un Souffle Sourd et Suffoqué.

Le Sanglot previent la vive voix avec laquelle il Se lie etroittement, et lors=que la voix S'est etendüe Suivant la valeur de la note ou Suivant la force de la passion, elle finit presque toujours par un accent, ou par une chute.

Le Sanglot S'employe dans la plus vive douleur, dans la plus grande tris=tesse, dans les plaintes, dans les chants tendres, dans la Colere, dans le contentement, et meme dans la joye.

Il se pratique presque toujours, sur la premiere sillabe du mot, helas! et sur les exclamations, ah! eh! ô!

La bonne prononciation des parolles, donne la derniere perfection au chant François. Pour bien prononcer il faut sçavoir disposer la bouche de mani=ere qu'on puisse donner à chaque voyelle, le son clair ou sourd qui luy con=vient. On prononce en chantant comme en parlant, excepté que comme le chant tient plus longtemps les sons, que le parler ordinaire, il faut y articu=ler plus fortement les consonnes qui sont avant ou apres les voyelles.

Pour bien chanter, il ne faut pas ouvrir la bouche à deux fois sur un même son, sur tout aux ports de voix; car par exemple, au lieu de former le son, a, on feroit, oü-a, La voix ne doit pas maitriser celuy qui chante, Il faut au contraire que celuy qui chante, la fasse obeïr dés les commencements en la rendant pleine et naturelle de façon qu'elle sorte directement de la poi=trine, de crainte que passant dans la teste ou dans le nez elle ne degenere en faüset par sa sourdité.

Il faut ensuitte s'exercer à bien porter, lier, et filer les sons, et à les rendre onctueux dans les chants tendres, douloureux dans les chants pathetiques, fermes dans les airs de mouvement, Legers dans les airs gays, et brusques dans les chants qui expriment la vivacité ou la Colere.

On doit, debout ou assis, Se tenir de bonne grace, le corps droit, et la teste elevée Sans affectation.

Il ne faut pas gesticuler en chantant, ni faire des grimaces de la bouche, des yeux, et du front.

Il ne faut pas marquer la mesure de la teste ni du corps, elle doit Se battre de bonne grace et Sans bruit, de la main droitte ou du pied.

On S'éviteroit la peine de battre la mesure, Si on avoit la valeur des notes et le mouvement bien imprimés dans la teste.

Une Seule note Sert quelques fois à deux Sillabes qui Sont ecrittes au dessous; mais il faut remarquer que de ces deux Sillabes, on n'en fait qu'une, afin d'éviter le, iatus, qui Se rencontre entre deux mots dont le prem.er finit par un, e, muet, et le Second commence par une voyelle. De Sorte qu'en Suprimant l'é muet qui finit le premier mot il ne reste plus qu'une Sillabe pour cette note.   Exemple.

ô Sagesse admirable! prononcez ô Sagess'admirable!

On articule le, e, muet, A, lors qu'il finit un vers feminin, quoy que le premier mot du vers Suivant commence par une voyelle, B, afin de faire Sentir la rime des deux vers.

FRAGMENTS

Tirés de la Tragedie Sainte de Jephté.

= glantes rives. Je vois de touttes parts nos Peuples dis-per =
= sés, Sous des Dieux etran-gers nos Tri-bus Sont cap-ti-ves, Nos Saints Au=
= tels Sont ren-ver-sés.
Le Grand Prêtre. page 41.
Jephté, tout Is-ra-el va flechir Sous vos loix, Et la voix du Sei =
Jephté.
Cadençe coulée.
= gneur confirme nôtre choix. Dieu descend jusqu'a moy du Trône de Sa
gloire, Que Suis-je devant l'Eternel! Se peut-il qu'un foible Mor=
Cadençe. Le Grand Prêtre.
Tremb. appuyé battu et terminé.
= tel Un Seul moment Oc-cu-pe Sa mémoi.....re! Il fait bien plus pour
vous, On o-se l'ou tra-ger, Il vous choisit pour le ven..ger. La Tri=
= bu d'Ephraim à Ses loix est rebelle, Un Ammonite au-da-ci-=
Jephté.
= eux L'invitte à Se ranger du parti de Ses Dieux. Ah! que plutost cent

Le Grand Prêtre. Jephté.
fois...nommez moy l'infi....delle, Ammon. Qu'entends-je? Am=
=mon, ce fils du Roy cruel Qui desole tous Israël, Quoy! tout Cap=
=tif qu'il est il ral.lu.me la guerre! Éveille toy Dieu des Hebreux, Pe=
=risse un Sang Si malheureux, Hâte toy d'en purger la ter...re.
Ensemble.
Vien, repands le trouble et l'effroy Sur les Ennemis de ta gloi=
Vivement.
Elision
Vien, repands le trouble et l'effroy Sur les Ennemis de ta gloi=
= re. Dieu des combats, remporte la vic.toi.re, Que la mort
= re. Dieu des combats, remporte la vic.toi...re, Que la mort vo......=
vo .... le devant toy. Dieu des combats, remporte
= .... le devant toy. Dieu des combats,

la vic-toi-re, Que la mort vo............le,
remportes la vic-toi-re, Que la mortvo...............le,
Que la mort vole devant toy. Vien, repands le trouble et l'ef=
Que la mort vole devant toy. Vien, repands le trouble et l'effroy
=froy Sur les Ennemis, Sur les Ennemis de ta gloi-re.
Sur les Ennemis, Sur les Ennemis de ta gloi...re. Dieu des com=
Dieu des combats, remportes la vic-toi-re, Que la mortvo......=
=bats, remportes la vic-toi...re, Que la mortvo.............=
=. le devant toy. Que la mortvo................. le devant toy.
=. le devant toy. Que la mortvo....... le devant toy.

Le grand Prestre aux Guerriers. page. 66.
Un doux espoir võ. est permis, Ranimez votre ardeur guerriere; Marchez, cou-
-rez, volez,   que tout vous soit soumis. Dispersez comme la poussiere Vos plus Su-
-perbes Ennemis. Dispersez comme la poussiere Vos plus Superbes Ennemis.
Deux Israëlites.   Acte 2.ᵉ page 102.
Nôtre crainte est banni.e,   Qu'vne douce har.moni.e S'e.le.ve
dans les airs: Bruits terribles des ar.mes Ne troublez plus les
charmes De nos Sacrés concerts.
Legerem.ᵗ   Tambourin page 110.
Tout rit à nos vœux; Vivons heureux; Chantons Sans cesse; Favorable
lieux
Paix, Dans ces beaux. Regne à jamais: Que chacun S'empresse De montrer Son
alle..gresse; Plaintes, larmes, et Soupirs, Changez vous en plaisirs.
Touttes les Israëlites Rondeau. Acte 3.ᵉ page 153.   Fin.
Que nos chants dans les airs, retentissent; Loin de nõ. soins facheux, La Paix vient combler nos vœux.

Vne Israëlite.
Il est temps que nos plaintes finissent Nos plus fiers Innemis Sont pr jamais Soumis.
Vne Israëlite.
Qu'en ces lieux, Les concers des cieux A nos voix S'unissent, Chantons tous
chantons à jamais   Le Dieu qui nous rend l'aima- ble Paix.
Vne Israëlite.   une autre Israëlite.
Que nos bois re-ver-dissent Dans un jour Si beau. Que nos Champs refleu=
Les deux Israëlites.
=rissent;   Que tout Soit nouveau.
Bergeres. Tendremt.   Acte 4.e page 162.
Nous vivons dans l'innocence, Qu'el bonheur à plus d'attraits: Nous avons
la jouissance Des vrais biens des biens parfaits; Sans l'éclat de la nais=
=sance C'est pour nous qu'ils Semblent faits.
Gay.   Menuet. page 166.
Que tout brille en ce boc-cage,   Ce ga-zon, Ces fruits, ces fleurs:
Des oyseaux, le doux ra-mage,   Nous en-chante dans ces lieux.
Que tout rende un tendre hommage,   A qui regne Sur nos cœurs.
Tout y rend un tendre hommage,   Au plus cher present des cieux.

98 La Fille de Jephté page 184.
Malheureux un cœur qui Se li-vre Au vain bonheur qui vient S'of=
Fin.
=frir: A peine je commence à vivre, Qu'il faut me resoudre a mourir.
Du comble des grandeurs dont l'éclat m'environne, Je cours d'un pas ra-
Passage.
Passage
=pide à mes derniers instants; Je ressemble à ces fleurs que l'Aquilon mois=
=sonne, Des les premiers jours du Printemps: Malheureux un &c.
La Fille de Jephté.   Acte 3.e page 218.
Je meurs; mon Sort est trop heu--reux; Si j'ay trahi le
Ciel par de coupables feux, La gloire de ma mort en Se...=
=cret me con-so-le. Grand Dieu, je descends au tom-beau
Mais j'y porte un cœur tout nouveau. C'est à vous Seul, C'est à vous
Seul que je m'immole.   Fin de la 3.e Partie.

QUATRIEME PARTIE

ABREGÉ D'UN NOUVEAU SYSTHÊME DE MUSIQUE.

Il ne seroit pas si difficile d'apprendre la musique qu'on se l'imagine ordinairement, si l'on vouloit concourir de bonne foy à debroüiller le Sys=thême qui est presentem.^t en usage, en le Simplifiant, et en rejettant par consequent tous les principes superflus.

Il y a beaucoup de personnes, particulierem.^t dans les maisons religi=euses, à qui les occupations Serieuses ne permettent pas d'employer tout leur temps à l'etude de la musique, qui seroient bien aise d'apprendre ce bel art, qui a fait dans tous les temps, l'amour et les delices des gents de bon gout, Si l'on pouvoit trouver le moyen d'en faciliter la pratique et d'en rendre l'etude moins longue et moins pe-nible.

La musique ne consistant que dans le Son et dans la durée du Son, il est etonnant que ces deux objets ayent occasionné tant d'opinions diffe=rentes, tant de disputes, et tant de differents Systhêmes, et que les Grecs mêmes ayent Selon quelques Auteurs, employé jusqu'à 1240 figures de notes pour exprimer ces deux Simples objets.

Il n'est pas moins etonnant qu'on ait passé plus de 700 ans dans l'em=baras des Muances et dans d'autres difficultés que je rapporteray en abregé cy apres, pour en faire voir le vice et l'inutilité.

Il y a des gents Si prevenüs et Si entestés de la maniere dont ils ont appris, qu'ils condamnent tout ce qu'on leur presente de nouveau, même Sans vouloir se donner la peine de l'examiner, et d'autres qui embraßent aveuglément toutes les nouveautés, quelques deraisonnables qu'elles puis=sent être: Ce ne Sont point ces Sortes de gents que je prends pour mes juges, mais Seulement les personnes equitables et Sçavantes qui ne juged des choses qu'apres les avoir mûrement considerées: Si ces per=sonnes me condamnent je Subiray Sans me plaindre, un jugement Si respectable, et j'avoüiray hautement que je me Suis trompé, si au con =

=traire elles m'aprouvent, je donneray par la Suite les principes de ce
nouveau Systhême dans un arrangement propre à les apprendre et
à les enseigner.

L'intonation etant le premier objet de la Musique et la mesure ou durée
des Sons en etant le Second, je vais faire voir ce qui retarde la pratique
de l'un et de l'autre, et la maniere de lever ces difficultés.

INTONATION,
Premier objet de la Musique.

On s'est Servi jusqu'à present de trois clés pour determiner l'ordre
et le nom des notes.

La diversité des clés et leur Sept positions rendent l'execution de la Musi=
que difficile, non seulement à ceux qui ne sont pas encore bien avancés, mais
encore aux plus experimentés, pour peu que ces derniers Soient distraits.

Il est mal aisé, par exemple, d'acquerir l'habitude de chanter Seul, et à
livre ouvert, une Scene composée de Deux ou Trois Acteurs qui ont cha=
=cun leur clé particuliere, en ce qu'on hesite Souvent au moment du pas=
=sage d'une clé à une autre, par la difficulté qu'il y a de connoître au
premier coup d'oeil, l'intervalle qui est entre la note exprimée et celle
qui Se trouve apres la mutation de clé, d'autant que la note qui est a=
=pres cette mutation, est toujours placée de façon à tromper les yeux,
Sans qu'il Soit presque possible d'eviter l'erreur, à cause de la precision
et de la vitesse avec laquelle le passage doit Se faire.

Pour mieux me faire entendre je vais donner un exemple tiré de l'opera
de Phaëton, entre un Dessus et une Haute-contre.

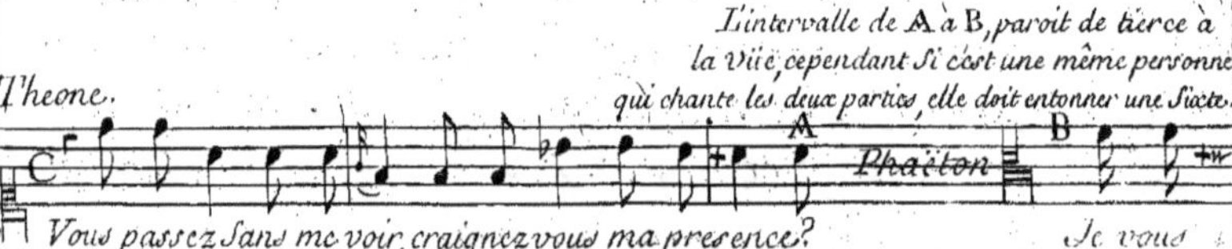

L'exemple Suivant est une preuve encore plus convaincante des difficul=
tés qui resultent des trois clés et de leurs differentes positions, en ce que
trompant les yeux et la raison, elles font chanter en montant ce qui pa=
roit être en descendant, et chanter en descendant ce qui paroit être en montant

Si dans une Scene composée pour une Basse et pour une Taille, il Se ren=
controit, en passant de la Basse à la Taille, un intervalle de Tierce, comme
par exemple, de ut (E) à mi (F) et qu'une voix fut obligée de chanter Seule ces
deux parties, il faudroit absolument qu'elle entonnat cette tierce, en mon=
tant quoy qu'elle luy parut endecendant.

Ce peu d'exemples Suffit pour faire juger aux personnes qui Sont Sans preven-

tion, du temps qu'il faut employer pour acquerir l'habitude de tous ces chan=
gemens qui varient autant de fois que les clés ou que leurs positions se trou=
vent differentes. Ceux qui voudront calculer le nombre des differents inter=
valles qui peuvent se rencontrer entre les differentes positions des trois clés,
trouveront qu'il monte au moins à 1536.

La difficulté de conoitre les intervalles en passant d'une cléf à une autre,
devient encor plus grande, lorsque les clés sont immediattem.t suivies de
Bemols ou de Diezes, parce que ces accidents obligent d'avoir recours à la
transposition du nom des notes et par consequent de supposer une clé au
naturel, qu'il faut avoir toujours presente à l'idée; car si on l'oublie (ce qui
n'arrive que trop souvent) on est forcé de s'arrêter; d'ou l'on peut conclu=
re que les clés, quoy que bien inventées, causent plus d'embaras que
de facilité. Pour en convaincre on peut voir cy devant les deux tables
des transpositions pages 14 et 15 ou sont tou-tes les differentes positions
des clés suivies de Bemols et de Diezes, avec la clé qu'il faut supposer sui=
vant le nombre de ces accidents qui les accompagnent.

Il y a des personnes qui pretendent qu'on devroit chanter les transposi=
tions sans transposer le nom des notes; c'est a dire qu'il faudroit toujours nömer les notes
selon l'ordre naturel de la clé qui preside, et que de cette maniere on ne
seroit pas obligé de supposer une autre clé. Il y auroit beaucoup de
choses à objecter la dessus; mais je me contenteray de dire icy en passant,
que si cela n'est pas impossible aux gents qui ont la voix bien juste, il est
du moins tres difficile, sur tout à ceux qui n'ont ni intelligence ni disposition.
Les Maitres et les Ecoliers qui voudront se donner la peine de pratiquer
les transpositions de cette façon, trouveront encor plus de commodité
par ce nouveau Systhême que par l'ancien.

On pouroit lever tou-tes ces difficultés d'une maniere tres simple, en rejet=
tant ces clés et en fixcant sur la troisieme ligne, le ut, ou comme on dit ordi=
nairem.t le C Sol ut medium de touttes les sortes de voix et d'instruments.

Par cet etablissement, toutes les voix et tous les instruments Solfieroient et
procederoient par le même ordre d'octave en octave, et pour distinguer les
voix ou parties, on pouroit Se Servir du D pour le Dessus, de la H pour la
haute-contre, du T pour la Taille, et du B pour la Basse.

Ces lettres que j'appelle, Partitionalles, parce qu'elles ne Servent que pour —
differencier les Parties, Se poseroient au commencement d'une piece Sur la
ligne du milieu.

Dessus. Haute-contre. Taille. Basse.

Dessus	Haute-contre	Taille	Basse								
D	H	T	B	Ut	re si	mi la	fa Sol	Sol fa	la mi	Si re	ut ut

Le ut medium de la Haute-contre et celuy de la Taille Sont en même de =
gré de hauteur, comme on le verra par la Suitte.

On ne manquera pas de m'objecter que l'ut medium du Dessus est —
naturellement une Octave plus haut que celuy de la Haute-contre et de la
Taille, que celuy de ces deux dernieres parties est aussy une octave plus
haut que celuy de la Basse, et que je parois mettre ces trois ut au même
niveau, c'est à dire à l'unisson, etant posés tous trois Sur la ligne du mi =
lieu; je reponds à cela que la disposition des voix etant differente, cha =
que espece de voix prend Son ut medium dans l'octave, c'est à dire à
la hauteur, qui luy convient.

Il est impossible, par exemple, à la Basse d'entonner l'ut medium du Des =
sus, et au Dessus d'entonner celuy de la Basse, parceque ces deux Sortes de
voix Sont trop eloignées l'une de l'autre; c'est ce qu'on poura remarquer
par l'echelle generale qui Suit ou les Clés Sont d'un costé et les lettres Par =
titionalles de l'autre; on y verra que les lettres Partitionalles ne changent
rien à la gradation ou hauteur de chaque espece de voix et qu'au con =
traire la gradation Se fait bien plus naturellement d'octave en octave
par ces lettres partitionalles, que de quinte en quinte par les clés.

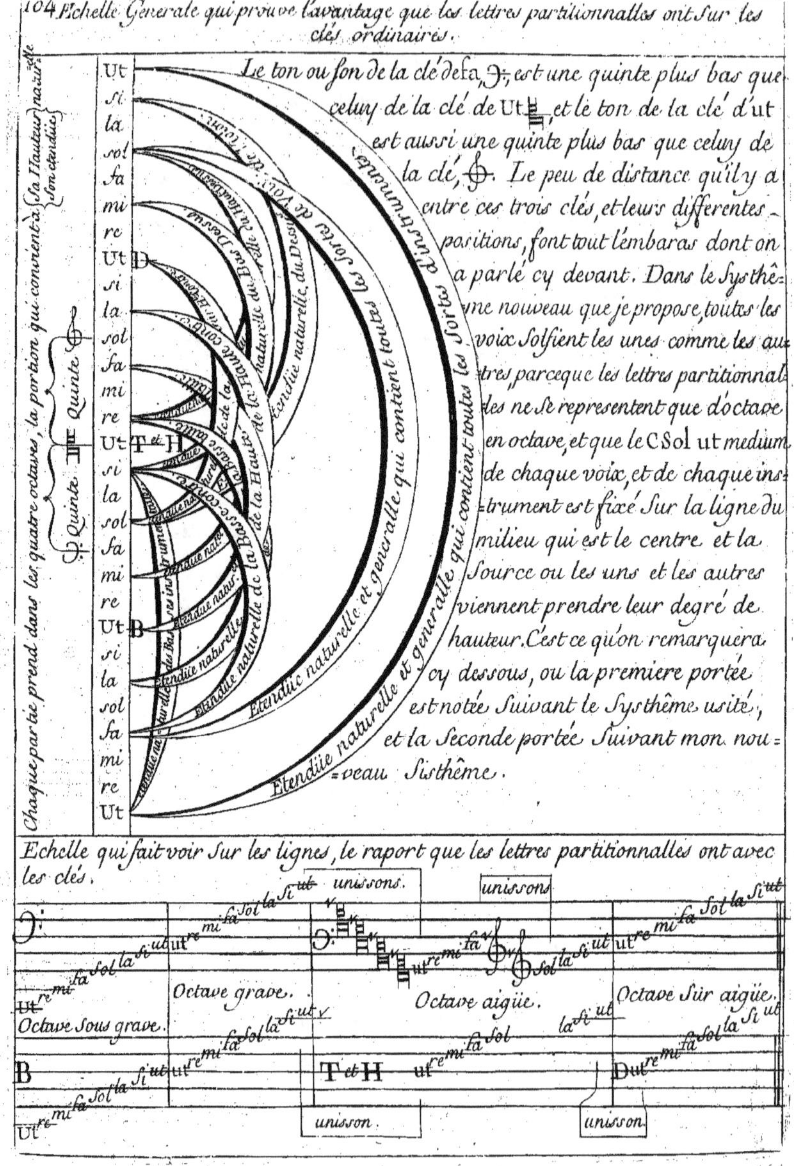

Le ton ou son de la clé de fa, est une quinte plus bas que celuy de la clé de Ut, et le ton de la clé d'ut est aussi une quinte plus bas que celuy de la clé. Le peu de distance qu'il y a entre ces trois clés, et leurs differentes positions, font tout l'embaras dont on a parlé cy devant. Dans le Systhême nouveau que je propose, toutes les voix Solfient les unes comme les autres parceque les lettres partitionnalles ne se representent que d'octave en octave, et que le C Sol ut medium de chaque voix, et de chaque instrument est fixé Sur la ligne du milieu qui est le centre, et la Source ou les uns et les autres viennent prendre leur degré de hauteur. C'est ce qu'on remarquera cy dessous, ou la premiere portée est notée Suivant le Systhême usité, et la Seconde portée Suivant mon nouveau Sisthême.

Echelle qui fait voir Sur les lignes, le raport que les lettres partitionnalles ont avec les clés.

Fragment de la Scene tirée de Phaëton, et nottée par les deux Systhêmes posés l'un sur l'autre, afin de faire voir en quoy ces Systhêmes se raportent et en quoy ils different.

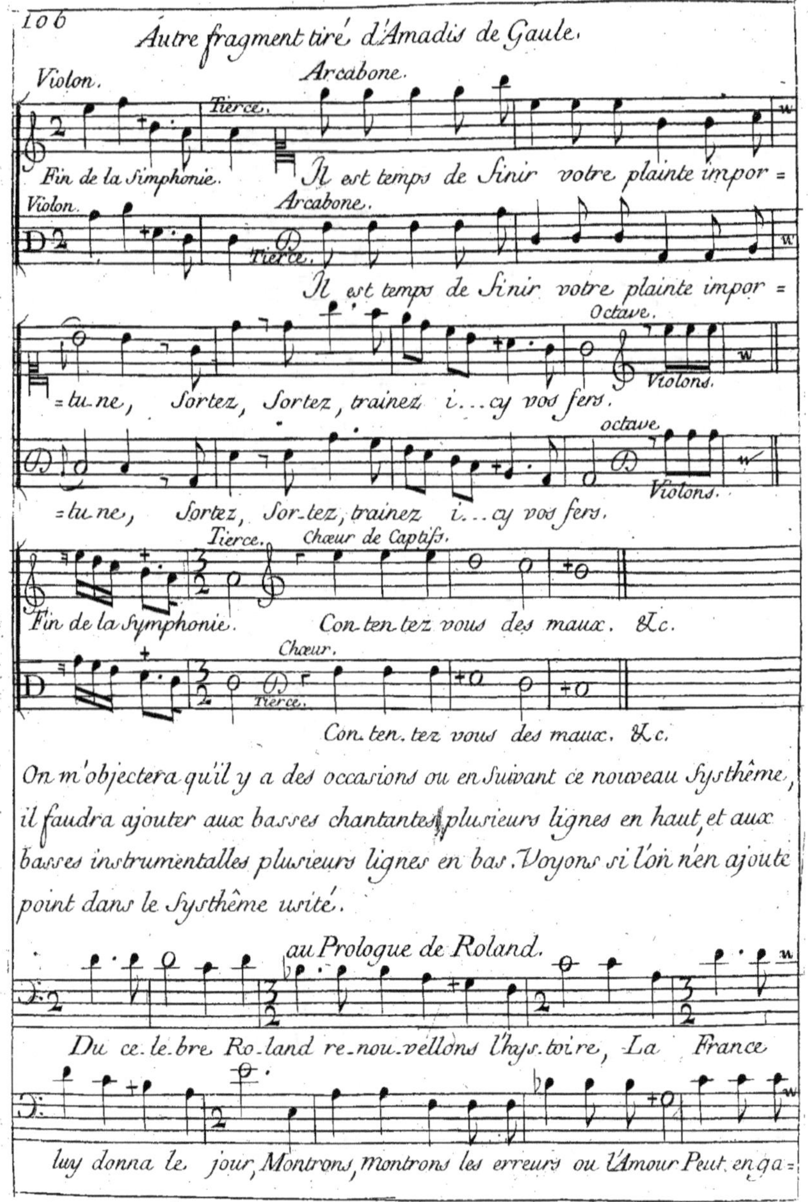

On m'objectera qu'il y a des occasions ou en suivant ce nouveau Systhême,
il faudra ajouter aux basses chantantes plusieurs lignes en haut, et aux
basses instrumentalles plusieurs lignes en bas. Voyons si l'on n'en ajoute
point dans le Systhême usité.

L'ut medium du Systhême proposé, n'étant dans la basse qu'un degré plus haut qu'il n'est dans le Systhême usité, ce n'est pas une affaire qu'un degré de plus. Quand le chant des basses ins=trumentalles monte fort haut et quand le chant des dessus de Violon des=cend fort bas, on change de clé dans le Systhême usité (1) afin d'éviter la confusion et la multiplicité des lignes ajoutées; On changera de même, de lettres Partitionnalles dans ce Systhême nouveau (2)

On est aujourd'huy dans la mauvaise habitude, de faire egosiller les voix, et de faire crier les instruments, en les faisant monter les uns et les autres plus haut que leur etendüe naturelle ne le permet, et cela afin de faire plus de bruit, sans considerer que le grand fracas ne fait pas l'agreable.

musique, et qu'il n'y a que la melodie du chant, la belle modulation, l'har=
monie naturelle; en un mot le beau bruit qui aille au cœur.

On fait souvent monter la Basse-taille dans l'octave de la haute-taille;
lors que cela arrivera, je marqueray ainsy la lettre partitionalle de la —
Basse-taille, $\frac{B}{T}$, afin d'eviter la confusion des lignes qu'il faudroit ajouter en
haut, et l'on se souviendra que le signe, $\frac{B}{T}$, met le chant une octave plus
haut qu'il ne seroit au seul signe, B.

Les lettres partitionales s'en:r'aident pour descendre bas et pour monter ~
haut de même que les clés, afin d'éviter le grand nombre des lignes a =
:joutées. Quand le Dessus descend plus bas que les cinq lignes, la hau=
:te-contre ou la Taille viennent à Son Secours, il en est de même de la
haute-contre et de la Taille à la Basse. cette pratique est bien plus aisée
par les lettres partitiōnalles qui se representent d'Octave en octave que
par les clés. Pour en facilliter encore d'avantage la pratique, il faut met=
:tre un guidon Sur le degré qu'il faut entonner après la mutation, (3)
il n'y aura plus alors aucunes difficultés.

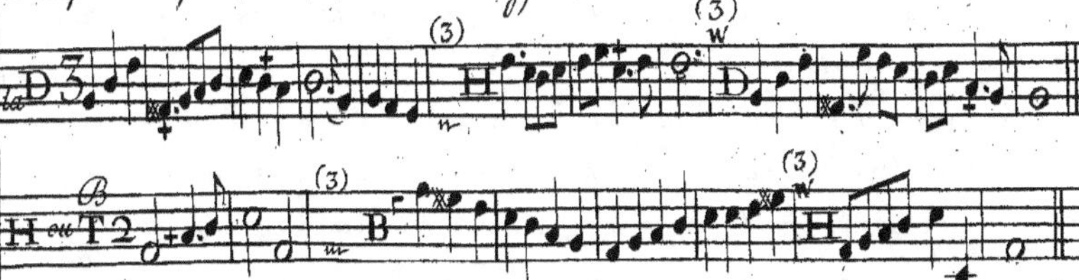

Il ne faut que tres peu de tems pour accoutumer la vüe au changement des
lettres partitionnalles, au lieu qu'il en coûte beaucoup plus au changement
des clés ordinaires. Le changement des unes et des autres ne provient que .
parce qu'on donne à present beaucoup d'etendüe aux voix, Sur tout aux Bas=
=ses, et que chaque portée ne contient que cinq lignes, qui ne font pas Suf=
=fisantes pour cette grande etendüe.

Chacun Sçait par experience, combien les changements de clés coutent de peines, Sur tout dans les transpositions causées par les Bémols ou par les Diezes, et combien ces peines Se multiplient lors-que dans le cours d'une Scene ou autre piece transposée, le mode change tout à-coup de majeur en mineur ou de mineur en majeur.

Ce dernier embaras vient de ce qu'il faut dans l'instant même, Se figurer d'autres clés que celles qu'on avoit Supposées avant ce changement de mode; c'est ce qui fatigue extrêmement la memoire et ce qui fait voir, comme nous l'avons deja remarqué, l'inquietude et l'incertitude ou les clés plongent ceux qui n'y Sont pas encorbien versés. Je leve touttes ces difficultés d'une mani=ere bien Simple, en me Servant de deux notes quarrées, l'une blanche, ⬜, et l'autre noire, ⬛, je les apelleray notes fondamentales. par ce qu'elles Se pose=ront Sur le degré fondamental du mode.

La note fondamentale blanche, ⬜, designe le mode majeur.

La note fondamentale noire, ⬛, designe le mode mineur.

On dira, Ut, Sur le degré ou le Signe blanc Sera posé.

On dira, La, Sur le degré ou le Signe noir Sera posé.

Je me Sers de l'octave du la pour Solfier le mode mineur, au lieu de celle du re, par ce que cette nomination de notes m'a paru la plus convenable par plusieurs raisons.

Par le moyen des deux Signes fondamentaux, la transposition des modes ne fera plus de peine, par ce qu'on ne S'embarassera plus ni des Bemols, ni des Diezes qui pouront Se rencontrer immediattement apres les lettres parti=tionnales: c'est ce qu'on verra cy dessous dans le fragment d'une Scene de Roland, notée par les deux Systhêmes, et ce qui confirmera tout ce qui a été dit cy dessus.

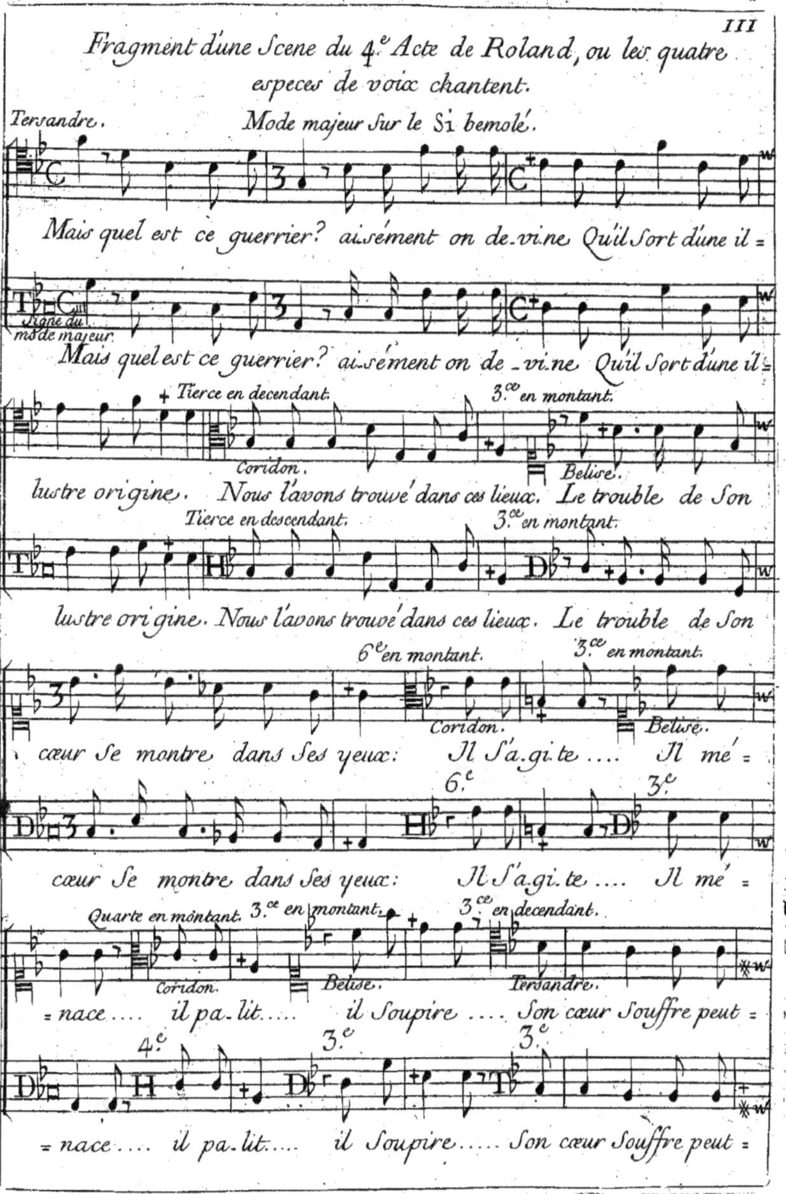
Fragment d'une Scene du 4.e Acte de Roland, ou les quatre
especes de voix chantent.
Tersandre.
Mode majeur sur le Si bemolé.
Mais quel est ce guerrier? aisément on de.vi.ne Qu'il sort d'une il =
Tenor
Signe du
mode majeur.
Mais quel est ce guerrier? aisément on de _vi.ne Qu'il sort d'une il =
Tierce en decendant.
3.ce en montant.
Coridon.
Belise.
lustre origine. Nous l'avons trouvé dans ces lieux. Le trouble de son
Tierce en descendant.
3.ce en montant.
lustre origine. Nous l'avons trouvé dans ces lieux. Le trouble de son
6.e en montant.
3.ce en montant.
Coridon.
Belise.
cœur se montre dans ses yeux: Il s'a.gi.te .... Il mé =
6.e
3.e
cœur se montre dans ses yeux: Il s'a.gi.te .... Il mé =
Quarte en montant. 3.ce en montant.
3.ce en descendant.
Coridon.
Belise.
Tersandre.
= nace.... il pa.lit..... il soupire .... Son cœur souffre peut =
4.e
3.e
3.e
= nace.... il pa.lit..... il soupire..... Son cœur souffre peut =

être un amoureux mar-ti-re, Nous devons plaindre ses dou =
être un amoureux marti-re, Nous devons plaindre ses dou =
3.e en montant.   Quinte en decendant.   3.e en montant.
= leurs.   Belise. Quels terribles re-gards!   Roland La perfide ....   Tersandre. Il mur =
3.e   5.e   3.e
= leurs.   Quels terribles re-gards!   La perfi de ....   Il mur =
3.e en decendant.   3.e en montant.   3.e en montant.
= mure ....   Coridon. Il fre-mit ....   Belise. il repand des pleurs .... tant de Ser = Roland.
3.e   3.e   3.e
= mure ....   Il fremit ......   il repand des pleurs ....tant de Ser =
6.e en montant.
= ments! ah! la par-ju-re!   Tersandre. Ne l'abandonnons pas dans un cha =
6.e
= ments! ah! la par-ju-re!   Ne l'abandonnons pas dans un cha =
5.te en montant.
= grin si noir.   Roland. El-le rit de mon de-ses-poir,   &c.
5.e   unisson.
= grin si noir.   El-le rit de mon de-ses-poir,

Fragment d'une Scene du 2.e Acte de Jephté, page 62.
Mode mineur sur le mi.
Iphise.
Tierce en montant.
Je vois Ammon; e-vi-tons sa pre-sen-ce.
Ammon.
Vous me fuy=
3.e
Signe du mode mineur
Je vais Ammon; e-vitons sa pre-sen-ce.
Vous me fuy=
4.te en descendant.
&c.
=ez. Iphise. Eh! ne te dois-je pas? La revolte et le crime.
4.te
=ez Eh! ne le dois-je pas? La revolte et le crime.
Jephté Acte 3.e page 133.
Mode mineur sur le re. Fin du monologue.
Almasie.
Pompeux apprêts, lieux, temoins de ma gloire, Ah! pourquoy l'estes
Lent.
Pompeux apprêts, lieux, temoins de ma gloire, Ah pourquoy l'êtes
unisson.
vous de mes vi-ves douleurs. Equitable vangeur des crimes de la terre,
Mode majeur sur le re.
vivement.
&c.
vous de mes vi-ves douleurs. Equitable vangeur des crimes de la terre,
unisson.

On donne ordinairement pour principe que la derniere note d'une piece est posée sur le degré fondamental, et que c'est ce degré que les basses sonnent pour indiquer le ton aux voix. Ce principe n'est pas toujours certain, puisque la derniere note finit quelques fois à la tierce et quelques fois à la quinte au dessus du degré fondamental.

Il arrive même assés souvent sur tout aux Tailles, et aux Haute=
=contres, que le chant ne commence (4) ni ne finit (5) sur le degré fonda=
=mental, c'est ce qui embarasse fort ceux qui ne sont pas encor bien rou=
=tinés, pour bien prendre le ton.

Exemple.

Le degré fondamental de cet Exemple (4) doit etre un ut.

Le degré fondamental de cet Exemple est un la

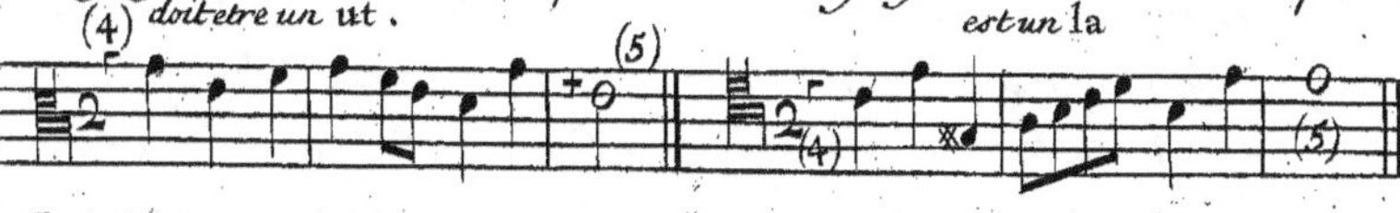

Les Maitres de Musique devroient, pour le soulagement des Ecoliers,
se servir des deux notes fondamentalles apres les clés. Ces notes indique=
=roient par leur position, le degré fondamental que les instruments son=
=nent pour donner le ton aux voix, et par leur couleur elles determineroient
l'espece du mode et par consequent le nom des notes, sans qu'on fût obligé de
calculer tous les Bemols ou tous les Diezes qui peuvent se rencontrer apres
la clé. On pouroit même supprimer ces Diezes et ces Bemols, par le moyen
des deux signes fondamentaux, sur tout dans la musique vocale.

Mode majeur transposé sur le degré du la.   Mode mineur transposé sur le degré du Si.

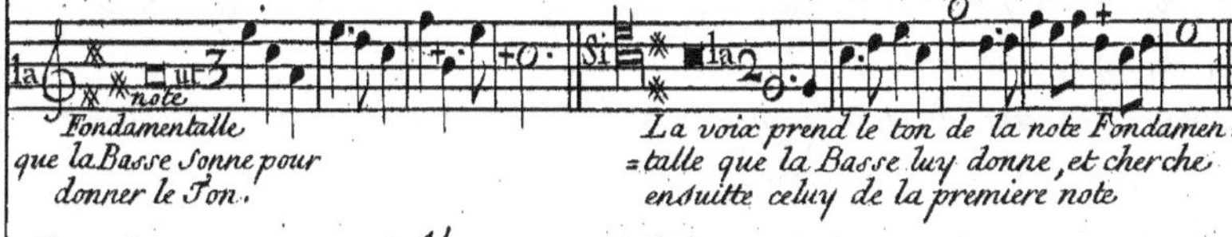

Fondamentalle que la Basse sonne pour donner le Ton.

La voix prend le ton de la note Fondamen=
=talle que la Basse luy donne, et cherche
ensuitte celuy de la premiere note

La determination de l'ut ou C Sol ut, sur la troisieme ligne pour
touttes les sortes de voix, peut etre considerée dans ce nouveau Sys=
=thême, comme une clé immobile.

Les deux notes fondamentalles peuvent être regardées comme deux
clés mobiles qui se transportent, selon la volonté du compositeur, sur
tous les degrés pour y poser le mode desiré.

Les lettres partitionnalles ne doivent pas être envisagées comme des
clés puis qu'elles ne servent qu'à differencier les parties.

MESURE et MOUVEMENT.
Second objet de la Musique.

Il y a trois Sortes de Mesures Simples, Sçavoir à deux, à trois, et à 4 temps.
Il y a aussy trois Sortes de Mesures composées qui se battent de même.
Dans le Systhême qui est presentement en usage, on marque la difference de
ces mesures par des Signes ou chiffres qu'on pose au commencem.t d'une piece,
quoy qu'ils ne Signifient rien pour la pluspart. Il y a eu même des Maitres
qui ont etabli jusqu'à 20 Signes de Mesures, dont quelques uns ont eté re =
jettés comme inutilles.

Pour concevoir la longueur du temps qu'il faut consommer avant que d'avoir
une parfaitte connoissance de tous ces Signes de Mesures, il faut remarquer
que les notes changent de valeur Suivant les differents Signes de Mesures
qui les Subordonnent.
La Noire, par exemple, ne vaut qu'un demi tems dans les mesures designées
par $\frac{3}{2}$, 2, et par le C barré $\mathcal{C}$, quand ce dernier Sebat a deux temps.
Elle vaut un temps dans les mesures marquées par C, $\frac{2}{4}$, 3 ou $\frac{3}{4}$, et dans
le $\mathcal{C}$, quand ce dernier Sebat à quatre tems.
Elle vaut deux tems Sous les Signes $\frac{2}{8}$, et $\frac{3}{8}$. Elle ne peut entrer dans la me =
sure $\frac{3}{16}$ parce qu'elle a trop de valeur.
La Noire ne vaut que le tiers d'un tems aux Signes $\frac{6}{4}$, $\frac{9}{4}$, $\frac{12}{4}$.
Elle vaut les deux tiers d'un tems aux Signes, $\frac{6}{8}$, $\frac{9}{8}$, $\frac{12}{8}$.
Les autres espeçes de notes changent de même que la Noire, Suivant le Signe
de mesure qui regle leur valeur et leur nombre..
Examinons maintenant si l'on n'a point multiplié les estres sans necessité, et si
tous ces Signes de mesures ne causent pas plus d'embaras que d'utilité.

Tous les Musiciens conviennent que touttes les mesures Se raportent à deux
et a trois tems, Pourquoy donc employent t'ils jusqu'à 19 Signes pour marquer
ces deux mesures? La mesure à quatre tems n'est autre chose que la mesure
de deux temps doubles.

Le $\math₵$, en certaines occasions, fait le même effet que le C. et dans d'autres occasions, il produit le même effet que le 2.

Le Signe 2, fait le même effet que le $\frac{2}{4}$, excepté que ce dernier se bat plus vîte.

Les Signes, $\frac{3}{2}$, $\frac{3}{4}$, et $\frac{3}{8}$, Se battent de même, et ne Sont differents que par le mouvem.ᵗ

Les mesures composées, $\frac{6}{4}$, $\frac{9}{4}$, $\frac{12}{4}$, $\frac{6}{8}$, $\frac{9}{8}$, et $\frac{12}{8}$, font aussi le même effet, excepté le mouvement. On me dira qu'il y a des Airs dont l'expression demande des mouvem.ᵗ lents et d'autres qui demandent des mouvements gays, legers, vistes &c, et que les 19 Signes de mesures ont etés inventés pour operer cette varieté de mouvement.

Que la mesure à trois temps, par exemple, marquée par $\frac{3}{2}$, et qui renferme trois blanches, Se bat plus lentement que la mesure à trois temps marquée par 3 ou $\frac{3}{4}$, qui ne renferme que trois noires, et enfin que cette derniere mesure ne Sebat pas Si vîte que la mesure de $\frac{3}{8}$, qui ne renferme que trois croches qui doivent passer plus legerement que les noires, parce qu'elles ont moins de valeur. Ainsy des autres mesures. Ces raisons Seroient recevables malgré l'embaras, des 19 Signes de mesures, mais l'experience nous prouve ce peu d'exactitude, car par Exemple, La Passacaille et la Sarabande qui Sont d'un mouvement grave Se marquent par 3 ou $\frac{3}{4}$, de même que la Chacône et le Menuet qui Sont d'un mouvement gay.

On designe Souvent le Passepié, qui est d'un mouvement tres leger par, 3, de même que la Passacaille, la Sarabande, la Chaconne et le Menuet, qui ne Sont pas d'un mouvement Si leger. Ainsi des autres Signes.

Si les 19 Signes de mesures Sont necessaires pour indiquer les differents mouvements des Airs, pourquoy les compositeurs ne les marquent t'ils pas correctement? et S'ils ne Sont pas necessaires, pourquoy S'en Servent-ils?

Pour prouver que tous ces differents Signes ne Sont pas capables de déterminer absolument le veritable degré de lenteur ou de vitesse du mouvement desiré, c'est qu'on trouve presque toujours à la teste d'une piece de Musique, l'un des termes Suivants.

(Jtalien. Grave, Largo, Adagio, Moderato, Allegro, Presto, Prestissimo)
(François. Grave, Lent, Aisément, Moderé, Gay, Leger, vite, Tres vite) &c.

Pour obvier à tous ces inconvenients et rendre l'etude de la Musique moins fatigante, je commence par bannir de mon Systhême, la mesure à quatre temps, et par consequent la note ronde, o, et je me renferme Simplement dans les deux Mesures de deux, et de trois temps, que je marque par un, 2, et par un, 3.

Comme il y a des mesures Simples et des mesures composées, je designeray la mesure Simple à deux temps, par un, 2, et la mesure composée à deux temps par un deux barré, 2. La mesure Simple à trois tems Sera marquée par un 3, Simple, et la mesure composée à trois tems, par un trois barré, 3.

Lors que le 2 Sera Simple, la mesure ne renfermera que deux croches egales dans chaque tems, et lorsque le deux Sera barré la mesure renfermera trois croches egalles dans chaque tems.

Quand le chiffre, 3, Sera nud, la mesure ne renfermera que deux croches egalles dans chaque tems, et quand il Sera barré, 3, la mesure Contiendra trois croches egalles dans chaque tems.

Il n'y a point de Sortes de Musique qui ne S'execute par ces deux chiffres, Simples ou barrés, en y joignant au dessus l'un des termes, Lent, gay, vite, &c.

Exemple.

Mesure Simple, à deux temps.

Mesure composée, à deux temps.

Mesure Simple, à trois temps.

Lors qu'on passe du Dessus, de la Haute-contre, ou de la Taille, à la Basse, on doit toujours entonner la note qui se rencontre apres ce passage, à l'octave au dessous de ce qu'elle paroit à la vüe (8) et lorsque l'on passe de la Basse à l'une de ces parties hautes, il faut au contraire entonner la note qui se rencontre apres ce passage, à l'octave au dessus de ce qu'elle paroit. (9) Ce petit embaras qui est le seul de mon Systhême, sera bientôt applani par un peu d'application, au lieu qu'il est presque insurmontable par les clés usitées ou il peut se rencontrer $\overset{de}{1536}$ manieres, comme nous l'avons deja remarqué.

120.

J'ay peine à croire que les personnes sensées, puissent ne pas se preter à
cette nouvelle maniere de noter la musique, pour peu qu'elles veuillent se dé-
tacher des anciens prejugés; cependant loin de me flater qu'elle sera receüe
favorablement, je m'attens à bien des assauts, sur tout de la part des Demi-
sçavants, qui craignant de passer pour des ignorants, prennent le party de
mepriser tout, même ce qu'ils ne sont pas capables d'entendre.

Les plus judicieux d'entre les musiciens m'accuseront peut-être de trop de har-
diesse de vouloir corriger un systhême receu de tout le monde; mais s'ils veul-
lent se donner la peine de lire les anciens Auteurs de Musique, ils remarqueront
que je ne suis pas le seul qui ait osé reformer la maniere de noter la musique,
et que cela s'est pratiqué dans tous les temps, en tous les lieux, et en toutes sortes de
langues par une infinité de gents de merite. Je vais en donner quelques exemples
pour ma justification.

Il y a tant d'opinions differentes parmi les Auteurs qui ont ecrit sur la premiere epoque de la Musique, et sur les caracteres dont les Anciens se servoient
pour l'ecrire, qu'on ne peut s'assurer de la verité sur le sentiment d'aucun; Ce
qu'il y a de constant, c'est que les Grecs tiennent cette science des Hebreux, que
les Latins la tiennent des Grecs, et que nous la tenons des Latins.

Il est à presumer que les Grecs ont changé le Systhême des Hebreux puis-
qu'ils les ont de beaucoup surpassés en cet art.

Les Latins ont changé à leur tour, le Systhême des Grecs et nous avons
aussy changé celuy des Latins.

Nous n'avons aucun vestige de la maniere dont les Hebreux se servoient
pour noter la musique, et nous ne concevons rien au peu qui nous reste
de la musique des Grecs; parce-que leurs caracteres de notes nous sont
inconnus, C'est ce qui prouve assez qu'a mesure que la musique s'est per-
fectionnée, on a changé la maniere de la noter; comme on le verra cy
apres.

Les Grecs ont inventé le Tetracorde qui est une suitte ou etendüe de quatre degrés conjoints qui se raportent à nos quatre notes, si ut re mi.

Ce peu d'étendüe fait voir combien la musique etoit bornée dans ces pre=
=miers temps. On ajouta ensuitte un Second Tetracorde à ce premier.

<table>
<tr><td rowspan="6">p^r. Tetracorde</td><td>mi</td><td rowspan="3">mi
fa
Sol
la</td><td rowspan="6">2.e Tetracorde.</td><td rowspan="6">Septieme.</td><td rowspan="6">Intervalle dissonant.</td></tr>
</table>

Quelques Auteurs remarquerent que le premier Son
du premier Tetracorde, qui Se raporte à la note que
nous apellons, Si, etoit dissonant avec le dernier Son
du 2.e Tetracorde, par-ce-que ces deux Sons forment entre
eux une Septième, pour eviter cette dissonance, ils ajoute=
=rent une corde ou Son au dessous du p^r. Tetracorde,
pour faire rencontrer l'octave entre les deux termes **AB**.

Octave.
A   B
mi Sa Sol la

.   Corde ajoutée. —— La, Si ut re mi.

La Musique etant encore trop bornée par l'etendüe d'une Seule octave, les Grecs
augmenterent de temps en tems le nombre des cordes de leur Systhême, aus=
=quelles ils donnerent les noms de Proslambanomenos, Hypate-hipa=
=ton, Parhypate-hypaton, Lychanos-hypaton, Hypate meson,
Parhypate-meson, &c. mais comme ils remarquerent que ces noms etoient
trop longs pour être ecrits au dessous de chaque Sillabe du Texte, ils Substitu=
=erent en leurs places plusieurs lettres de leur Alphabet, tantost droi=tes, tantost
renversées, quelquefois couchées à droi=te, et quelquefois à gauche, Doublées,
triplées &c, apparament pour marquer aussi les 15 cordes ou degrez dont
leur Systhême Se trouvoit pour lors composé, et touttes les notes des trois
genres de musique dont ils Se Servoient, Sçavoir, du Diatonique, du Chroma=
=tique, et de l'Enharmonique, peut-être enfin pour distinguer les differentes
durées des Sons.

Les Latins remarquerent à leur tour, que la bizarrerie de ces figures de
notes, dont le nombre montoit comme nous l'avons deja dit, jusqu'à 1240,
fatiguoit trop la memoire, ils Substituerent à la place de ces notes, les 15.
premieres lettres de leur Alphabet.

Le Pape St Gregoire ayant judicieusem.^t remarqué par la Suite, que toutes
les octaves Se ressembloient par-ce qu'elles procedoient touttes par le même

ordre et que n'y ayant que sept intervalles entre les deux termes de l'octave, on n'avoit besoin que des sept premieres lettres de l'Alphabet pour fixer les sept degrez, en ce que le 8.ᵐᵉ degré qui termine une octave, devient le prem.ᵉʳ d'une autre octave plus haute. On ne posoit les lettres ou notes dans ces temps la que sur une ligne paralelle ; c'est pourquoy on distingua les octaves par differents caracteres de lettres à peu pres de la maniere suivante.

octave - grave	octave moyenne...	octave aigüe.....	&c
A, B, C, D, E, F, G	a, b, c, d, e, f, g	a, b, c, d, e, f, g	&c.

Voila l'origine des lettres qui composent la premiere colomne de la gamme qui est encor à present en usage par quelques Maitres, et qu'on rejette peu à peu comme inutile.

Dans le XI.ᵉ Sciecle, le Sçavant Guy, surnommé Aretin parce qu'il etoit natif d'Arrezzo en Toscane, moine Benedictin, ajouta beaucoup de cor=des ou degrés au Systhême des Latins, et en fit un nouveau.

Il remarqua que les lettres qui determinoient les degrés, etant ecrites sur une ligne orizontale, elles n'aidoient pas assés à l'intonation parce qu'il etoit trop difficille de distinguer les sons graves d'avec les sons aigus, c'est ce qui le determina de tracer trois ou quatre barres parallelles posées les unes sur les autres pour y placer les notes, voila l'origine des cinq lignes dont nous nous servons maintenant.

Il posa des points sur ces lignes et dans les espaces, afin de mieux faire voir la gradation des differentes elevations de la voix, voila l'origine des notes.

Il nomma ces notes Ut, re, mi, fa, sol, la ; qui luy vinrent dans l'esprit en chantant au Chœur le jour de la S.ᵗ Jean Baptiste, la premiere strophe de l'Hymne.

UT queant laxis, RE sonare fibris, MI ra gestorum FA muli tuorum, SOL ve poluti, LA bii reatum, &c.

Guy l'Aretin etoit trop habile homme pour ne pas sentir qu'il manquoit un 7.ᵉ nom de notes sur le 7.ᵉ degré, mais il crut que ces six sillabes

suffisoient, et que l'intonation deviendroit plus facille en faisant toujours ren=
contrer les Demi-tons entre les deux notes mi, fa, mais la privation d'un 7.e nom
de notes, loin de faciliter l'intonation, occasionna le tourment des Muances qui
a duré 6, à 700 ans.

Tous les Auteurs qui ont ecrit sur l'origine et sur les progrés de la Musique,
ne s'accordent pas sur le temps ou la musique composée harmonieusement de
plusieurs parties differentes jointes ensemble, a commencé.

Les uns pretendent, avec raison, qu'elle a eté en usage avant Guy Aretin, d'autres
en attribüent l'invention à ce Sçavant Religieux, et d'autres enfin sont d'opinion
qu'elle n'a eté inventée, ou du moins pratiquée, qu'apres sa mort. quoy qu'il en soit,
La Musique à plusieurs parties venant de plus en plus en usage, on remarqua
que les differentes voix faisoient souvent une cacophonie entr'elles, parce-que les
uns restoient plus longtemps sur certaines sillabes du texte, que les autres.

Pour remedier à cet inconvenient, le nommé Jean des Murs docteur de Paris,
inventa vers l'an de notre Salut 1353, differentes figures de notes pour la diffe=
rente durée des sons, mais comme on n'observoit pas encor assés rigulierem.t
ces valeurs de notes, on s'avisa par la suitte d'en regler la valeur par un bat=
tement ou temps egal de la main, sur lequel chacun se regloit; (voila l'origine
de la mesure.) On s'apperceut bien-tost apres qu'il etoit fatiguant et même
desagreable à la vüe de rebattre si souvent.

On mit deux temps dans la mesure dont l'un se faisoit en baissant la main
et l'autre en la relevant, et l'on renferma dans chaque temps, plus ou moins
de notes, suivant qu'elles avoient entr'elles plus ou moins de valeurs proportion=
nelles.

On remarqua apres quelques années, qu'il y avoit des chants qui demandoi.ent
une note longue et une breve de deux en deux sillabes, comme dans —
l'Hymne, Conditor alme siderum, C'est ce qui obligea de faire les deux
temps de la mesure inegaux, en restant une fois plus sur le frapé que
sur le levé, et ce qui donna la naissance à la mesure en 3 temps egaux.

Cela ne suffisoit pas encor en ce qu'il y a des paroles dont l'expression

demande des mouvements lents, et d'autres qui demandent des mouvem.ts
legers ; ces differents degrés de vitesse ont occasionné l'embaras de tous
les differents Signes de mesures dont on Se Sert presentement.

On inventa par la Suitte des temps, le point, •, afin d'augmenter la note
qui le precederoit, de la moitié de plus que Sa valeur intrinseque.

On Separa chaque mesure, par une barre perpendiculaire.

On introduisit les legatures ou liaisons; et comme la musique Se per =
=fectionnoit de jour en jour, on inventa les Fugues qui obligerent de Saire
garder le Silence à certaines voix pendant que les autres chantoient, afin
de les imiter en Suitte; et pour qu'on Sceut au juste combien de mesures ou de
temps on devoit garder le Silence, on fit des figures müettes qu'on apella
Pauses,

Les Pauses de même que les notes, valoient plus ou moins, Suivant leurs _
differentes figures et Suivant le Signe de mesure qui les Subordonoit.

Les Pauses Servoient aussi à reposer les voix, à Saire Dialoguer le chant,
à Saire des Echos, et à donner, pour ainsi dire, differentes nuances de Sorce
dans les chœurs, en augmentant ou en diminuant à propos, les figures de notes
et de pauses. Les differents Signes de mesures, et plusieurs autres caracteres,
ne furent pas d'abord inventés si parfaittement qu'on ne fut obligé de les
changer et rechanger cent et cent fois, c'est ce qu'on peut voir dans la 3.ᶜ
partie des institutions harmoniques de Joseph Zarlin, imprimées à _
Venise en 1589, page 347, Chapitre LXVII, ou il rapelle touttes les
figures et valeurs de notes, avec les differents Signes de mesures dont
on S'etoit Servy dans les Siecles passés, afin d'en instruire les Musiciens
modernes et de les garentir de l'affront qu'ils recevoient quelque fois en _
refusant de chanter, ou en demeurant court lors qu'on leur presentoit de _
ces Sortes de Musique.

On peut voir la plûpart de ces Systhêmes dans le beau dictionnaire de
Musique du Sçavant M.ʳ de Brossard, (imprimé et qui Se vend à Paris
chez M.ʳ Ballard Seul imprimeur du Roy pour la musique., rue S.t Jean

de Beauvais au mont parnasse) aux mots Sisthema, Figura, Nota, Tuono, &c,

Comme Guy Aretin n'avoit point donné de nom au 7.e degré qu'il apelloit B Fahmi, et que nous apellons à present B fa Si, et que cette ommission causoit beaucoup de peines sur tout aux Enfants, on s'avisa au commencem.t du 16.e Sciecle d'y en introduire un; on choisit pour cela la Sillabe, Sa, peut=être à cause que ces deux lettres commencent le dernier vers de la premiere strophe de l'hymne de S.t Jean, Sancte Joanes. où l'on avoit puisé les autres nom de notes. Je ne scay pas trop les raisons qu'on a eu depuis pour ‿ convertir Sa en Si.

Il ne faloit pas seulement l'ombre du bon sens pour concevoir l'utilité de ce 7.e nom de notes, qui fait dans chaque octave ce que le 7.e nom des jours fait en chaque semaine pour y conserver toujours le même ordre; Cependant quand cette heureuse innovation commença de paroitre, la plû=part des Musiciens et des Compositeurs se dechainerent contre, et coururent de maisons en maisons pour en degouter tout le Monde: en vain les gens raisonnables, parmi lesquels il se trouva quelques musiciens, voulurent leur en faire connoitre le prix, ils ne voulurent rien entendre ni rien exami=ner et ils resterent toujours dans leur obstination.

La lumiere dissipant peu à peu les tenebres, quelques Musiciens plus spirituels et moins en-testés que les autres, furent assez hardis vers l'an 1650, pour rompre la glace et pour faire main basse sur le Systhême des muances, en adoptant le Si, et en l'enseignant publiquement malgré les clameurs de leurs confreres.

Il y avoit encore des partisans des muances en 1670, temps ou les ‿ deux partis se trouverent egaux.

M.r Noé qui est encore vivant, m'a assuré qu'étant sorti des Enfants de ‿ chœur, il fut obligé malgré luy, d'apprendre la gamme du Si composée par M.r Nivers, afin de contenter ceux qui voudroient être enseignés par cette Metode: il m'a repeté plusieurs fois, en se mocquant de ses anciens prejugés,

que lors-qu'on l'appelloit pour enseigner la musique, il demandoit d'abord,
selon la coutume de ce tems la, si l'on vouloit apprendre par la gamme,
des muances ou par celle du Si, et que quand on luy demandoit laquelle
des deux etoit la meilleure, il repondoit que la gamme du Si etoit la plus
facille et que celle des Muances etoit la plus docte : mais comme on ne
vouloit souvent apprendre cet art que pour se divertir, on choisissoit le Si,
et on renvoyoit les Muances aux Docteurs.

On a reduit les 12 modes anciens, à deux, sçavoir, au mode majeur et au
mode mineur, et on a trouvé le secret de les transposer sur tous les degrés
par le moyen des Bemols ou des Diezes.

On peut voir les differentes figures et valeurs des notes anciennes dans
le Dictionnaire de Musique de M.r De Brossard aux lettres B, L, &c.
ou l'on remarquera l'embaras qu'elles causoient, et combien la maniere
de noter d'a present donne de facilité en comparaison de l'ancienne;
cependant quelques bonnes que soient les intentions de ceux qui travaillent
à perfectionner les arts, et quelques facilités qui resultent des nouveautés
qu'ils inventent, il arrive tres rarement qu'ils joüissent pendant leur vie du
fruit de leurs veilles; car l'ignorance, la prevention, l'entêtement, l'interest,
l'orgueil, l'envie, la paresse, et sur tout, les demi-sçavants, sont les Tirans
qui persecutent les Auteurs, qui etouffent leurs travaux des leur naissance,
et qui en font perdre le fruit.

Quoy que le Systhême de Guy l'Aretin fut un excellent ouvrage, non seu-
-lement par raport à l'ancien, mais par raport au nouveau, puis-qu'il
a eté receu pendant près de 700 ans, et qu'il est encore le fondem.t du
Systhême qui est presentem.t en usage; ce celebre Auteur n'en eut pas
d'abord la satisfaction qu'il meritoit, c'est ce qu'on remarque par une
lettre qu'il ecrivit à son ami frere Michel, et raportée par Baronius
en l'année 1022, par laquelle il se plaint du mauvais traittement qu'il
recevoit au lieu de la loüange qu'il croioit avoir meritée pour avoir in =
=venté une methode d'autant plus facile qu'on apprenoit plus de Musique

en un mois qu'on ne faisoit auparavant en un an, il ajoute en suitte que
son sort est semblable à celui qui trouva la maniere de rendre le
verre maleable, sous l'empire d'Auguste, lequel receut la mort pour
recompense d'une si belle invention.

On pouroit presque soupçonner par cette lettre, que les Musiciens de
ce temps la (moins raisonnables que ceux de celuy cy qui se font gloire
d'aller au bien de la chose) etoient ceux qui luy faisoient de la peine,
et qui faillirent à faire perdre à la posterité, une si belle invention,
qui ne se soutint dans la suitte, que par l'Autorité du Pape Benoist VIII,
qui en connut la bonté et qui ordonna de n'en plus enseigner d'autres
dans les ecoles et de noter de cette facon les livres d'Eglise, de sorte
que malgré les ignorants, ou les envieux, le Systhême de Guy l'Aretin
fut gouté et approuvé des gents d'esprit, et receu en suitte dans toutte
l'Europe par les Musiciens mêmes.

On voit par tous les changements que je viens de raporter, que ie ne suis
pas le seul qui ait osé reformer la maniere de noter la musique.

On ne manquera pas de me faire encore les trois objections suivantes
aus-quélles je crois devoir repondre.

Premiere objection.

Il est presqu'impossible de faire rejetter un Systhême universellem.t receu

Reponse.

Les Exemples que nous venons de citer, font voir qu'on ne s'est pas
toujours tenu aux Systhêmes anciens et qu'on a, à la fin accepté
les nouveaux lors-qu'on a êté bien persuadé qu'ils applanissoient des
difficultés. d'ailleurs, celuy dont nous nous servons presentem.t en
France, n'est pas suivi en tous points dans les autres pays.

Les Italiens, les Allemands, les Flamants &c, solfient encor par l'or-
-dre des Muances, et par une obstination ridicule, ils ne veulent point
recevoir le nom de si, que nous donnons au 7.e degré en montant
l'octave, ut, re, mi, fa, &c. peut-être, parce-que les François l'ont inven

Voici la maniere dont ils Solfient par les Muances.

Ut re mi fa Sol la | la Sol fa mi re Ut

Quand ils montent jusqu'à l'octave, la muance Se fait Sur le 6.e degré
en changeant le nom de la note, la, en celuy de re, pour faire rencontrer
le Second demi-ton de même que le premier, entre les noms mi fa.

Maniere dont les Italiens Solfient.

Il y a encor en Allemagne, des endroits ou l'on Solfie par les Six p.^{res}
lettres de l'Alphabet en Suivant les muances, A, et d'autres endroits ou
l'on Se Sert des 7 premieres lettres, B, cette derniere maniere, revient a
la gamme du Si.

La mutation du nom des notes etoit differente par Bemol, par nature, et
par Bequare; c'est ce qui en multiplioit encor les difficultés, comme on
poura le voir dans les Anciennes methodes de Musique: Sur tout dans
l'harmonie universelle du Pere Mersenne.

Signes Anciens qui marquoient les mesures et le degré de vitesse des
mouvements. $O, \odot, C, \mathbb{C}, \supset, \ni, \emptyset, \mathbb{C}, C\frac{3}{2}, \odot\frac{3}{1}, \mathbb{C}\frac{3}{1}, \mathbb{C}\frac{3}{2}, \&c.$
On trouvera un jour à venir, nos Signes de mesures aussi particuliers
que nous trouvons ceux des Anciens que nous avons presque tous rejettés.

2.e Objection.

Le Systhême proposé ne Sera pas d'abord receu Si universellem.^t qu'on
ne Soit obligé d'apprendre aussi celuy qui est en usage, de Sorte que
loin d'abreger le temps qu'on employe à l'étude de la musique, il

faudra aprendre deux Systhemes pour un.

Reponse.

Lors-qu'on aura appris la musique par la Simplicité du Systhême
nouveau, on passera tres facilement à l'autre dont l'etude et la difference
ne consisteront plus que dans une comparaison que l'on fera de l'un
à l'autre: J'en ay fait l'epreuve Sur des Enfans.

3.e objection.

Que fera t'on de touttes les belles Musiques imprimées, gravées, et ma =
=nuscrites qui Sont repandües dans le Monde? faudra til, Si l'on Suit
le nouveau Systhême, les mettre en oubli, ou les renoter?

Reponse.

Lors-qu'on a changé les figures de notes et les Signes de Mesures, en
ceux que nous voyons maintenant, qu'on a inventé le point de prolõgati on
qu'on a barré les mesures, qu'on a introduit des liaisons, et qu'on a ren =
=versé presque totalement les Systhêmes qui ont precedé le nôtre, a t'on
mis en oubli et a t'on renoté les Messes et autres pieces de musique qui
etoient alors en usage? on les chante encore tous les jours dans les Cathe =
=drales quoy qu'elles Soient notées et imprimées de l'anciène maniere.
Il est vray qu'un Musicien qui n'auroit pas été enfant de chœur, Se trou =
=veroit fort embarassé Si on lui presentoit à chanter ces Sortes de musique
mais il Se mettroit bien tôt au fait, pour peu qu'on luy fît voir le raport
que les notes anciènes ont avec les notes modernes.
La figure des lettres a changé dans l'ecriture, comme la figure des notes
a changé dans la musique, Ceux qui Scavent lire l'ecriture ronde, Sça =
=vent lire aussy l'ecriture Batarde, la coulée et meme la gothique pour
peu qu'ils S'appliquent à faire la difference des caracteres.
Lors-qu'on inventa l'impression, on imprima en lettres quarrées, on a en =
Suitte changé les caracteres quarrés en caractere gothiques, et les fi =
=gures Gothiques, en touttes celles qu'on voit maintenant.
On n'a pas pour cela rejetté ni reimprimé les anciens livres de Litterature

de Plain-chant, et de Musique dans les-quels on lit, on etudie, et on chante encore tous les jours ; mais à mesure que ces livres s'usent, on les réimprime par les caracteres nouveaux : on en poura faire de même.

Quelques loüanges que nous puissions donner aux laborieux Auteurs — qui par leurs veilles, nous ont applani les difficultés qui regnoient dans l'anciène musique ; ceux qui ont combatu pour soutenir leurs principes et qui ont eu le courage de les enseigner et de les mettre en usage, meri-tent encore plus d'etre loüés, puisque sans eux nous serions privés des heureuses decouvertes des premiers. Le nommé Grand jean, maitre d'ecole à Sens en Bourgogne, Le Maire, Metru, et Nivers organiste de S.t Sulpice à Paris, sont les principaux maitres à qui nous avons l'obligation d'avoir secoüé le pe-nible joug des muances qu'un Autheur apelle, crux tenellorum ingeniorum, et d'avoir fait revivre le nom de, Si, que l'ignorance ou l'en = = testement avoient abbatu.

Pour donner une legere conoissance sur la maniere d'enseigner cette nou = -velle methode, je vais avant que de finir, faire une recapitulation des cinq principes que j'ay etablis cy devant,   qui fera voir la netteté et la simplicité de ce Systhême.

Premier Principe.

On pose ce que nous apellons ordinairem.t le C sol ut, sur la ligne du milieu. La determination de l'ut medium de touttes les voix et de tous les instrum.s au milieu des cinq lignes, est regardée comme une clé immobile qui ne reside que dans l'imagination et qui fait solfier toutes les parties de la même maniere soit au naturel, soit au transposé.

2.e Principe.

Les lettres partitionales qui se posent sur la 3.e ligne ou l'on a fixé le ut naturel, ne doivent pas estre regardées comme des clés puis = -qu'elles ne servent qu'a distinguer les parties.

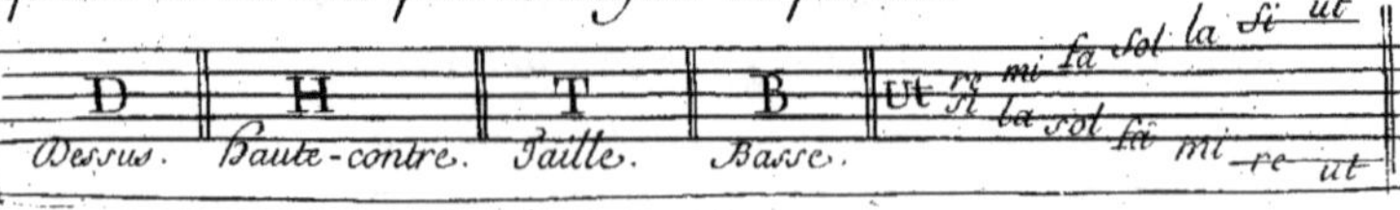

3.ᵉ Principe.

La note fondamentalle du mode majeur est blanche et quarrée ⊞.

Cette notte blanche peut estre considerée comme une clé mobile de ut.

La note fondamental.ᵗᵉ du mode mineur est noire et quarrée ✦. Cette note noire peut être considerée comme une clé mobile de la.

Le Mode majeur, en quelque degré qu'il puisse être transposé, se solfie toujours par l'octave ut, re, mi &c, et le Mode mineur par l'octave la, si, ut &c.

Les deux notes Toniques ou fondamentalles donnent la connoissance de plu=sieurs choses.

1.° Elles font conoitre par leur position et au premier coup d'œil, le degré ou le Mode est assis.

2.° Elles determinent par leur couleur l'espece du Mode, l'ordre, et le nom des notes.

3.° Les Basses intrumentalles, ou la voix du maitre de Musique, donnent aux voix le ton du degré ou la note tonique est posée.

4.° Cette note se pose et se transpose dans touttes les parties, sur le même degré en sorte que dans le naturel comme dans le transposé touttes les parties solfient les unes comme les autres sur les mêmes degrés.

Exemple.

Mode majeur en son lieu naturel.	Mode majeur transposé un degré plus haut que son degré naturel.	ainsi des autres

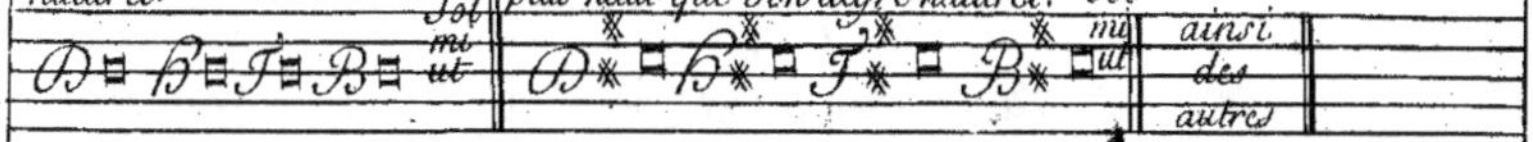

Mode mineur sur son degré naturel.	Mode min.ᵉ transposé deux degrés plus haut que son lieu naturel.	Mode mineur transposé un degré plus haut que son degré naturel.	ainsi du reste.

Mode mineur sur ut par le moyen des Bemols.

En Si, Mode mineur par le moyen des Diezes.

5.° Les deux notes toniques ostent l'embaras des transpositions, c'est à dire qu'elles delivrent de la peine de comter tous les bemols ou tous les Diezes qui sont apres les clés, afin de trouver le degré ou le dernier de ces accidents est posé pour y appliquer le nom d'une note. Ce calcul coûte bien du temps et de

4.e Principe.

Il y a deux Sortes de mesures Simples et deux Sortes de mesures composées.

La mesure Simple à deux temps
Se marque par un 2

La mesure Simple à trois temps
Se marque par un 3

Il faut dans l'une et dans l'autre de ces deux mesures, la valeur de deux croches pour chaque temps.

La mesure composée à deux temps
Se marque par un 2 barré 2

La mesure composée à trois temps
Se marque par un 3 barré 3

Il faut dans l'une et dans l'autre de ces deux mesures, la valeur de trois croches pour chaque temps.

Les deux Signes de mesures, Simples ou barrés, font voir dans l'instant même le nombre des tems qui entrent dans la mesure, au lieu que la plûpart des 19 Signes de mesures qui Sont en usage, ne marquent point le nombre des tems qu'il faut battre; d'aillieurs ces deux chiffres Simples ou barrés, operent Sans donner aucune peine, les mêmes effets que les 19 Signes de mesures Sous les-quels les mêmes notes ont diffe=rentes valeurs comme nous l'avons remarqué cy devant page ...116.

5.e Principe.

Pour definir autant qu'il est possible, le veritable degré de lenteur ou de vitesse du mouvement, on ecrit au dessus ou au dessous du Signe de mesure l'un des termes Suivans.

Tres grave, Grave, Tres lent, Lent, Moderé, Gay, Leger, Vîte, Tres vîte. Et pour insinuer le gout et l'expression qu'il faut donner au chant, Suivant que le Sujet le demande, on marque en teste de l'ouvrage, l'un des mots Suivans.

Triste ou Tristement, Pathetique, douloureux, Onctueux, Tendrement Brusquem.^t Vivement, Detaché, Marqué, Piqué, Mesuré, Louré, &c.

Enfin pour marquer le degré de force on se sert des termes qui sui=
=vent, Fort, Tres fort, ni trop fort ni trop doux, Doux, Tres doux.

Il n'y a point de sortes de musique qui ne puisse se noter .et
s'executer par la simplicité de ces principes qui ne consistent
1.° Que dans l'etablissem.t du C Sol ut sur la 3.e ligne pour toutes les
parties.
2.° Dans quatre lettres partitionales pour differencier les voix .
3.° Dans deux notes fondamentales qui determinent l'espece du
Mode et le degré ou le mode est assis ou transposé, et qui assurent
l'ordre et le nom des notes, sans avoir egard aux bemols ni aux Diezes
qui peuvent se rencontrer immediattement apres les lettres partition=
=nales ou au commencement de chaque portée.
4.° Dans deux chiffres ou signes de mesures.
5.° Dans un terme qui annonce le degré de vitesse du mouvement.
Au reste je laisse aux habilles Musiciens qui sont assez heureux
de n'estre point tourmentés par la jalousie du metier, de faire tel
usage qu'il leur plaira de ce Systhême qui differe peu de celuy qui
est en usage, puisque j'y conserve les cinq lignes, l'ordre, le nom,
la figure et la valeur intrinseque des notes, les Bemols et les Diezes,
les Modes et leurs transpositions; Enfin j'y conserve tout excepté
la difficulté ordinaire des transpositions, les clés et la plûpart des
signes de mesures, qui sont moins utiles qu'embarassants.

Fin de la 4.e et derniere partie.

Le Pseaume, In exitu Israël, que j'ay composé en Musique à grands Chœurs,
ayant eté chanté plusieurs fois au concert des Thuilleries, le Public m'en a paru
si content, que je me suis determiné à le faire imprimer; c'est ce que je feray le
plûtost qu'il me sera possible; j'y joindray le pseaume, Credidi propter, à deux
Chœurs, que j'ay eu l'honneur de faire entendre au Roy.

Louis par la grace de Dieu Roi de France et de Navarre,
à nos amez et feaux Cons.rs les gens tenant nos Cours de Parlem.t M.rs des Requêtes ord.res de
nôtre Hôtel, grand Con.l Prevôt de Paris, Baillifs, Sénéchaux, leurs Lieutenans Civils, et
autres, nos Justiciers, qu'il appartiendra, Salut, nôtre bien aimé le S.r Michel Pignolet
de Monteclair, Maître de Musique; Nous aiant fait remontrer qu'en vertu des Lettr.s
de Privilege qui lui ont été ci devant accordées, il a fait graver et imprimer plusieurs
pieces et traités de Musique de sa Composition, qui ont été reçeus du Public avec applau-
dissement; Mais comme il est dans le dessein de continuer le même travail, et ajouter
de nouvelles pieces de Musique à celles qu'il à ci devant Composeés; Il Nous à
très humblement fait Supplier de lui accorder nos lettres de Continuation, tant
pour celles qu'il a ci devant faite, que pour celles qu'il composera par la suitte; à ces
Causes, voulant traitter favorablem.t led. S.r Exposant et lui donner des marques de
nôtre Estime, et de la distinction que merite son travail et ses talens; Nous lui avons
permis et permettons par ces présentes, de continuer à faire graver et imp.er par tels
Graveurs et Imprim.rs qu'il voudra Choisir. Plusieurs pieces de Musique et Methodes de
sa Composition, en tels Voll.s formé, margé, Caract.re Conjointem.t où Séparem.t et autant de fois
que bon lui semble. Et de les vendre faire vendre, et débiter, par tout nôtre Roiaume, pendant
le temps de douze Années consecutives, à compter du jour de la date des d.es présen.tes. Faisons
défenses à toutes sortes de personnes de quelq.e qualité et condition qu'elles soient, d'en
introduire d'Impress.on où Gravûre Etrangere dans aucun lieu de nôtre Obeiss.ce comme aussi
à tous Imprimeurs, Grav.rs Marchands, Libraires, Imprim.rs en Taille douce et autres, d'imprim.er
faire imprim.er graver, où faire graver, vendre faire vendre, débiter, ni contrefaire les dites
pieces de Musique et méthode de sa Composition, ci dessus exposé, en tout ni en partie ni d'en
faire aucuns Extraits sous quelq.e pretexte que ce soit d'augment.on Correct.on changem.t de titre, où
autrem.t sans la permiss.on expresse et par écrit dud. S.r Exposant où de ceux qui auront droit
de lui, à peine de Confiscation des Exempl.res contrefaits de Six mille livres d'amande contre
chacun des contrevenans, dont un tiers à Nous, un tiers à l'Hôtel Dieu de Paris, l'autre tiers
aud. S.r Exposant, Et de tous dépens, dommages, et interets, à la Charge que ces présentes —
seront enregistrées tout au long sur le Registre de la Communauté des Libraires et Imp.eurs
de Paris, dans trois mois de la date d'icelles Que la Gravûre et Impression desd.tes pieces de
Musique sera faite dans nôtre Roiaume, et non ailleurs, en bon papier, et beaux caract.res
conformem.t aux reglemens de la Librairie, Et qu'avant que de les exposer en vente gravez
où imprimez qui auront servi de Copie à la gravûre et impression desd.es Ouvrages seront
remis és mains de nôtre très cher et feal Chev.er Garde des Sceaux de France le S.r Chauvelin
Commandeur de nos Ordres, Et qu'il en sera ensuitte remis deux Exemplaires de chacun
dans nôtre Bibliotheque publique, un dans nôtre Château du Louvre, et un dans celle
de nôtre d. très cher et feal le S.r Chauvelin Chevalier Garde des Sceaux de France Commandeur de nos Ordres, le tout à peine de nullité des présentes. Du Contenu des qu'elles Vous
Mandons, et Enjoignons, de faire jouir led. S.r Exposant où ses aiants cause pleinement
et paisiblement, sans souffrir qu'il leur soit fait aucun trouble où Empêchemens —
Voulons que la Copie desdites présentes qui sera Imprimée où Gravée tout au long au
Commencem.t où à la fin des dits Ouvrages, soit tenuë pour deuem.t Signiffiée et qu'aux
Copies Collationnée par l'un de nos amez et feaux Conseillers, et secretaires, foi Soit
ajoutée Comme à l'Original, Commandons au prem.er nôtre Huissier où Sergent de faire
pour l'éxecution d'icelles tous Actes requis et nécessaires, sans demander autre permiss.on
et nonobst.t Clameur de haro, chartre normande, et lettres à ce contraires, Car tel est nôt.re
plaisir. Donné à Versailles le douzième jour d'Octobre l'An de grace 1736. et de nôtre
regne le Vingtdeuxième.l   Par le Roi en son Conseil, Signé, Sainson.

   Registré sur le Registre, 9, de la Communauté des Libraires et Imprimeurs de Paris
Numero 374 fol. 323 Conformement au Reglement de 1723. Et à la Charge de fournir
à ladite Chambre les huit Exemplaires préscrits par l'article CVIII. du meme Reglem.t
à Paris ce 16 Octobre 1736. Signé G. Martin
                                                                    Copie.
                      Syndic.

   Approbation de M.r Liebaux Géographe du Roi, et de S. A. S Monseigneur
      le Comte de Clermont.
   J'ai lû par ordre de Monseigneur le Garde des Sceaux, un Livre intitulé, Principes
de Musique &C. Cet Ouvrage rempli d'Exemples et de Démonstt.ons m'a paru digeré avec
beaucoup d'ordre et de clarté. j'ai cru sur tout que la 4.me partie qui contient l'idée d'un
nouveau Sistème inv.té par l'Auteur, pour rendre la musique plus facile à apprendre et à
exécut.er, satisferoit l'amat.r de cet Art, qui sero.t exemts des préjugés de l'habitude, ou
qui voudr.a bien s'en dépouiller. Fait à Paris ce 14 Octobre 1736. Liebaux.

www.ingramcontent.com/pod-product-compliance
Lightning Source LLC
LaVergne TN
LVHW050620060726
842527LV00004B/1125